Danijela Šaponjić

LEBENSTRÄUMEN RAUM GEBEN

GESTALTE, WIE DU WOHNST – UND LEBE, WER DU BIST

INTEGRAL

Widmung

Dieses Buch ist unserem Nachwuchs und allen kom-menden Generationen gewidmet. Mögt ihr den Mut, den Willen und die Kraft finden, eure Visionen zu verwirklichen. Ich widme es auch all den Menschen, die meine Vorbilder sind und waren, denn sie haben gezeigt, dass Grenzen nur im Kopf existieren.

Danijela Šaponjić

Inhalt

Vorwort

Als jemand, der seit über 30 Jahren Menschen coacht, das Beste in ihrem Leben zu leben, bin ich schon immer von Feng Shui fasziniert. Womit wir umgeben sind, wirkt sich auf unsere Gefühle aus, das haben Studien gezeigt. Unser Umfeld ist die Grundlage unseres Glücks, unserer Gesundheit, des finanziellen Erfolgs und von Vielem mehr.

In den vergangenen Jahren habe ich deshalb viele Bücher über Feng Shui gelesen, um mir und meinen Kunden zu helfen, diese Prinzipien in unser Leben einzubinden. Jedoch fand ich es schwer, sie wirklich zu verstehen und dann auch umzusetzen.

Das Buch, welches Sie in den Händen halten, ändert genau das komplett. Danijela Saponjićs Energie und ihre Liebe für diese uralte Philosophie und Praxis sind sehr ansteckend. Ihre Herangehensweise an das Feng Shui ist praktisch, begleitet von vielen Schritt-für-Schritt-Übungen, sodass Sie Ihre Lebensräume ändern und Ihren Lebensträumen näherkommen können.

Möchten Sie jeden Morgen aufwachen und bereit sein, aus dem Bett zu springen? Sich in Ihrem Zuhause lebendig und energiegeladen fühlen? In einer inspirierenden Arbeitsumgebung arbeiten? Ihr Schlafzimmer betreten und friedlich und entspannt sein?

In dieser unterhaltsamen und leicht zu lesenden Feng-Shui-Lektüre werden Sie alle nötigen Informationen und Werkzeuge finden, um kraftspendende Lebensräume zu schaffen. Sei es in Ihrem Zuhause oder im Büro.

In meinen Augen ist dieses Buch ein absoluter Geheimtipp für jeden Menschen – unabhängig davon, ob Unternehmer, Angestellter, Privatperson – sogar für Jugendliche. Treten Sie die Reise an. Machen Sie die Übungen. Sie werden dadurch alles bekommen, was Sie brauchen, um Lebensumgebungen zu schaffen, die Ihr persönliches Tor zu Harmonie und Erfolg sein werden.

Gigi Sage
Austin, 2015

0/ Der Umzug, der mein Leben veränderte

Interessanterweise wäre ich niemals zu Feng Shui gekommen, wenn wir im Herbst 2003 nicht umgezogen wären. Damals beendete ich gerade mein Studium der Betriebswirtschaftslehre und hatte schon die ersten Bewerbungen geschrieben. Schließlich wollte ich unbedingt als Projektleiterin oder Trainee im Marketingbereich arbeiten. Während meine Kommilitonen alle nacheinander Arbeit fanden, kassierte ich eine Absage nach der anderen. Das veranlasste mich dazu, meinen Familienstand komplett aus dem Lebenslauf zu nehmen. Daraufhin kam es doch zu einigen Vorstellungsgesprächen, doch spätestens als ich sagte, dass ich Mutter eines Kindes war, sah ich die Begeisterung bei meinen Gesprächspartnern erlöschen. Der Tiefpunkt war erreicht, als mich im Vorstellungsgespräch mein Gegenüber, wohlgemerkt eine alleinerziehende Mutter, fragte, was ich denn machen würde, wenn mein Kind krank wird. Noch bevor mein Verstand einschaltete, reagierte ich bereits und hörte mich selbst sagen: „Ach, ich würde ihn im Kinderwagen abstellen und selbstverständlich zur Arbeit kommen. Das würden Sie ja genauso machen, oder?" Überflüssig zu sagen, dass das Gespräch schnell beendet war und ich diesen Job natürlich nicht bekam. Enttäuschung, Wut

//

WARTET NICHT AUF DIE ZEIT, DENN DIE ZEIT WARTET NICHT AUF EUCH.

Katharina
von Sienna

//

**WENN DER
SCHÜLER
BEREIT IST,
ERSCHEINT
DER MEISTER.**

Chinesisch
Zen-Weisheit

und Machtlosigkeit waren die herrschenden Emotionen dieser Zeit und sie beeinflussten all mein Tun.

Meine persönliche Abwärtsspirale war richtig in Fahrt gekommen. Die Phasen zwischen auf die Nase fallen und wieder aufstehen nutzte ich, um zu reflektieren und der Frage nach den Gründen nachzugehen. Warum glich unser Leben nach dem Umzug einer Achterbahnfahrt? Warum bekamen alle einen Job, nur ich nicht? Warum geht ausgerechnet dann auch noch das Unternehmen, in dem mein Mann arbeitet, pleite? Warum verlieren wir jetzt den Kinderkrippenplatz, den wir so dringend brauchen? Warum falle ich immer wieder einfach so in Ohnmacht? Ich weiß nicht, ob Sie sich schon einmal wie ein hilfloser Beobachter Ihres Lebens gefühlt haben und sich immer wieder fragten: WARUM zum Teufel läuft alles schief? Mir hat diese Frage einfach keine Ruhe gelassen. Da das Wort „aufgeben" in meinem Wortschatz nicht vorhanden ist, machte ich mich auf die Suche nach Antworten. Ich wollte einfach in Erfahrung bringen, warum nach dem Umzug unser kleines, geregeltes Leben völlig aus den Fugen geraten war und ob und wie der Umzug damit in Verbindung stand.

Ich setzte mich nicht in die Bibliothek und forschte in der Literatur, ich ging auch nicht zur Wahrsagerin oder zu irgendeiner Form von Therapie. Es gab schließlich keinen wissenschaftlichen Ansatzpunkt für meine Vermutung. Vielmehr war ich einfach nur neugierig, zu erforschen, was vor sich ging. So kreuzte eines Tages, scheinbar zufällig, Feng Shui in Form eines Zeitungsartikels meinen Weg. Hauptsächlich ging es in diesem Text um das Thema Gerümpel und darum, wie es unser Leben negativ beeinflusst, indem es das Qi, die Lebensenergie, stagnieren lässt. Was ist denn damit gemeint? Sollten also unser voll bepackter Wohnzimmerschrank, die Zeitungssammlung in der Ecke hinter dem Sofa, der überfüllte Keller mit Erinnerungen und Gegenständen, die ich vielleicht irgendwann einmal in Zukunft gebrauchen könnte, oder die Spielzeugberge meines Sohnes verantwortlich dafür sein, dass ich keinen Job fand? Im ersten Moment ging mir das zu weit. Alles in mir weigerte sich, diesen Ansatz als mögliche Lösung zu meiner Frage zu akzeptieren.

Also legte ich die Zeitung weg, änderte nichts, machte weiter wie bisher und wartete weiterhin auf ein Zeichen. Was glauben Sie, was geschah? Natürlich passierte NICHTS. Nach einigen Wochen des Wartens wurde die Gesamtsituation so belastend, finanziell und seelisch, dass ich eines Abends nach einem Restaurantbesuch in der S-Bahn „einfach so" in Ohnmacht fiel.

In einem Moment der Verzweiflung fiel mir dann eines Abends im Bett wieder dieser Zeitungsartikel ein. Ich wollte keine Sekunde länger warten, stand auf und kramte besagten Artikel aus der Zeitungsecke hinter dem Sofa heraus. Darin stand, ich solle ausmisten, also alles wegschmeißen, verschenken oder spenden, was nicht gebraucht wird. Dinge reparieren, die kaputt sind, und alle geliehenen Gegenstände den Eigentümern zurückgeben. Nun gut, schaden wird diese Aktion bestimmt niemandem, dachte ich. Also legte ich mich wieder hin. Zum ersten Mal nach langer Zeit mit dem Gefühl der Zuversicht. Irgendwie wusste ich, dass ich gerade einen wichtigen Schlüsselmoment in meinem Leben hatte.

Als die Bücher zum Thema Ausmisten und Ballast aus dem Leben räumen, die ich mir bestellt hatte, endlich ankamen, war mein erster Gedanke: Hätten sie bloß schon viel früher den Weg in mein Leben gefunden! Nicht nur, weil mir das womöglich jede Menge Umzugskartons gespart hätte, die alle in den dritten Stock (ohne Aufzug) gebracht werden mussten. Sondern vor allem, weil ich mir sicher war, dass es mir womöglich meine unangenehme Lebenskrise erspart hätte. Nun gut, jetzt konnte ich ja die Wende einleiten.

Ich holte einige der Umzugskartons aus dem Keller, die ich natürlich alle aufbewahrt hatte, wenn wir das nächste Mal umziehen. Beim Ausmisten begann ich mit den Dingen, die mich ohnehin schon eine ganze

//

**DER GEDANKE
IST DER
ANFANG
VON ALLEM.
UND
GEDANKEN
LASSEN SICH
LENKEN.
DAHER IST DAS
WICHTIGSTE:
DIE ARBEIT
AN DEN
GEDANKEN.**

Leo Tolstoi

Weile genervt und gestört hatten. Alle alten Zeitungen und Zeitschriften, die als Staubfänger und Ablagefläche hinter dem Sofa dienten, unzählige Kinderüberraschungsfiguren, mit denen unser ältester Sohn Aleks die ganze Wohnung dekoriert hatte, alte und ausgewaschene Kleidungsstücke ... Warum ich Letztere aufbewahrt hatte, kann ich heute wirklich nicht mehr sagen. In der Küche angekommen, dachte ich mir: endlich ein Raum, der eigentlich frei von Gerümpel ist. Genau: eigentlich! Die Wahrheit war nämlich, dass ich beim Ordnen der Schränke und Schubladen merkte, wie viele Lebensmittel ich auf Vorrat gekauft hatte. Als ob wir Hunderte von Kilometern entfernt vom nächsten Supermarkt wohnen würden. Die Vorräte wollte ich natürlich nicht wegschmeißen. Nachdem ich alles geordnet hatte, entschloss ich mich, so lange nicht mehr einkaufen zu gehen, bis alles aufgebraucht war. Stellen Sie sich vor, dass ich – abgesehen von den frischen Produkten wie Milch, Brot, Obst und Gemüse – einen ganzen Monat lang absolut NICHTS kaufen musste!!!

So bewegte ich mich Stück für Stück durch unsere 80 Quadratmeter große Wohnung. Ich kann mich noch sehr gut erinnern: An einem Freitag saß ich zufrieden im Wohnzimmer und blätterte in meinem Entrümpelungsbuch, auf der Suche nach noch mehr Inspiration. Denn meine Begeisterung für das Entrümpeln war geweckt. Mein Blick fiel auf den riesigen Wohnzimmerschrank, dem ich jahrelang gekonnt aus dem Weg gegangen bin. Er stand nach wie vor überfüllt da, und mir schien, als ob er mich förmlich angrinste nach dem Motto: „Komm und mach – wenn du dich traust!" Alleine wagte ich mich nicht dran. Deshalb motivierte ich meinen Mann als Verstärkung. Ihm waren die Gründe für mein Ausmisten nicht so ganz klar, aber er machte mit. Sie werden es nicht glauben, an diesem Tag räumten wir insgesamt drei 50-Liter-Müllbeutel aus diesem großen Holzungetüm im Wohnzimmer aus. Ich war geschockt. Unsere Wohnung war immer aufgeräumt und schön (für unseren damaligen Geschmack). Dass wir so viel Gerümpel beherbergten, konnte ich einfach nicht glauben. Vor allem war dieses Gerümpel feinsäuberlich geordnet und aufgeräumt. Doch heute ist mir klar, Gerümpel schleicht sich in unser Leben, und wir verbringen viel Zeit damit, um es in Ordnung zu halten. Langsam leuchtete mir ein, warum unser Leben ins Stocken geraten war.

Falls Sie sich schon einmal dem Entrümpeln hingegeben haben, dann haben Sie vielleicht gefühlt, wie befreiend es wirkt. Genau diese Befreiung spürte ich – es war so, als ob ich nach langer Zeit endlich durchatmen konnte.

 Die Decke kommt nicht näher, weil sie einem auf den Kopf fallen will, sondern wegen des Gerümpels, das man unter den Teppich kehrt.

Tatsächlich, die ersten Veränderungen in unserem Leben ließen nicht lange auf sich warten. Im Rückblick kann ich sagen, dass mit der ersten Ausmistaktion die Situation, in der wir uns befanden, insgesamt ruhiger und entspannter wurde. Der größte und wichtigste Aha-Moment war, als sich innerhalb weniger Tage Lösungen für zwei große Probleme ergaben, die uns am meisten belasteten. Völlig unerwartet und scheinbar zufällig. Heute bin ich sicher, dass sich etwas bewegte, weil wir das Gerümpel und all den Ballast aus der Wohnung schafften. Daraus resultierte eine Aktivierung des Qi-Flusses in unseren Lebensräumen – was einen entscheidenden Einfluss auf uns und unser Leben hatte.

Meinem Mann wurde aus heiterem Himmel eine neue Arbeit als Abteilungsleiter angeboten, womit wir absolut nicht gerechnet hatten. Und die Gemeinde lenkte ein und nahm die Kündigung des für uns so unglaublich wichtigen Kinderkrippenplatzes zurück. Wir konnten den Platz behalten. Natürlich kann man jetzt sagen: „Das war ein glücklicher Zufall!" – Doch, ich glaube nicht an Zufälle und Sie?

QI-FLUSS? – FOLGE DEINER NEUGIER!

Begeistert von den Ereignissen war meine Neugierde auf diese neue Welt der Energie und diese bis dahin unbekannten Gesetzmäßigkeiten geweckt, und ich begann, weiter zu forschen. Vor allem auch deshalb, weil mein „Problem" nicht gelöst war. Immer noch suchte ich verzweifelt eine Arbeit. Nachdem es mit der Anstellung einfach nicht klappen wollte, machte ich mich selbstständig und betreute Projekte im Marketing und Vertrieb kleiner und mittelständischer Unternehmen. Das war soweit auch okay, doch so richtig glücklich war ich nicht damit. Parallel dazu beschäftigte ich mich nach wie vor mit dem Thema Entrümpeln und das Thema Feng Shui gewann immer mehr an Bedeutung. So ist es auch keine große Überraschung gewesen, als mir meine Freundin „zufällig" erzählte, dass ein Feng-Shui-Meister aus Asien einen Vortrag in München halten würde. Natürlich sagte ich sofort zu und ging dorthin.

Als ich an diesem lauen Sommerabend im Jahr 2004 nach knapp zwei Stunden das Künstlerhaus in München wie auf Wolken gehend verließ, inspiriert und bereichert von wertvollen neuen Eindrücken aus einer mir noch weitgehend unbekannten Welt, wusste ich: Das sollte mein neuer Beruf werden! Nun ja, mein Verstand meldete sich umgehend und hielt mir entgegen: „Moment mal, du hast erst seit knapp einem halben Jahr dein Diplom als Betriebswirtin in der Tasche und hast dich gerade selbstständig gemacht. Langsam kommen beruflich Stabilität und Sicherheit in dein Leben und jetzt Feng Shui? Du spinnst ja wohl ein bisschen! Du hast keine Ahnung, wie das geht, und bist auch keine Architektin und überhaupt, die Ausbildung kostet jede Menge und das Geld hast du jetzt auch nicht! Ach ja, und was wird deine Familie sagen? Und dein Mann? Was werden alle anderen sagen?"
Die zarte Blüte meines Traumes, die sich gerade erst der Sonne entgegengestreckt hatte, wurde umgehend von dieser heftigen Gedankenflut erfasst und beinahe mitgerissen. Mein Wille, diesen Lebenstraum zu erfüllen, war jedoch stärker und gab nicht nach. Ich war sehr

entschlossen. So sehr, dass ich inzwischen auf viele erfolgreiche und wertvolle Jahre zurückblicke, in denen sich meine Berufung immer stärker etabliert hat. Im Jahr 2014 hatte ich mein zehnjähriges Jubiläum als Feng-Shui-Beraterin. Die Krönung dessen ist dieses Buch, das Sie gerade lesen.

Nebenstehendes Zitat wird wahrscheinlich vor allem von Feng-Shui-Beratern verwendet – und das zu Recht! Ja, die Menschen formen nicht nur die Häuser, sondern es gibt eine Wechselwirkung – und die Häuser prägen auch die Menschen, die in ihnen leben. Meine Berufung als Feng-Shui-Beraterin finde ich bis heute unglaublich interessant. Nicht nur, weil ich kreativ und frei arbeite, sondern vor allem deshalb, weil ich meine Kunden dabei unterstützen kann, Lebensräume zu gestalten, in denen Sie ihre Potenziale entfalten und ihre Lebensträume verwirklichen können. Andere zu unterstützen und zwischen den Zeilen zu lesen, Unausgesprochenes zu erkennen und herauszufinden, worum es den Menschen wirklich geht, das funktioniert nur, wenn die eigenen Sinne offen sind und die Kraft aus dem Inneren kommt. Ich sage immer, als Feng-Shui-Beraterin bin ich Beraterin, wie der Name schon sagt, Raumgestalterin, Spiegel und Coach zugleich. Eine ganz schöne Bandbreite. Genau darum geht es in diesem Buch. Es geht um Ihre Lebensräume und -träume. Es geht um Ihre Verbindung zu den Räumen, in denen Sie leben, lieben und arbeiten. Um die Wünsche, Träume und Sehnsüchte, die Sie haben und die vielleicht schon seit vielen Jahren darauf warten, von Ihnen verwirklicht zu werden.

// **ERST FORMEN DIE MENSCHEN DIE HÄUSER UND DANN FORMEN DIE HÄUSER DIE MENSCHEN.**

Albert Schweitzer

 Dieses Buch wird Sie überraschen, wachrütteln, inspirieren, motivieren und aktivieren, endlich die Dinge zu tun und auszuleben, von denen Sie bisher immer nur geträumt haben. Verstehen Sie dieses Buch als einen Trainingsplan. Der Erfolg kommt mit dem Umsetzen!

In den kommenden Kapiteln erwartet Sie keine Anleitung, wie Sie „nach Feng Shui" Ihre Lebensräume einrichten. Vielmehr möchte ich Sie mit diesem Buch unterstützen und anregen, eigene Wege zu finden, Ihre Räume mit Ihren Träumen zu verbinden. Ich möchte Sie inspirieren, die Dinge zu tun und auszuleben, von denen Sie bisher vielleicht noch träumen. Ich möchte Ihnen aufzeigen, in welchem Maße die Lebens- und Arbeitsräume, in denen Sie leben, lieben und arbeiten, Ihre persönliche Entwicklung fördern oder negativ beeinträchtigen. Lebensräume sind lebendig, sie haben eine Seele, die uns viel zu geben hat, wenn wir bereit sind, es zu empfangen.

WIE DIESES BUCH SIE
ZUM ERFOLG FÜHREN WIRD

Ob Ihnen mein Buch die Antworten auf Ihre Fragen geben wird? Davon bin ich überzeugt! Vielleicht finden Sie gleich im ersten Kapitel Ihre Antwort, vielleicht aber erst im Letzten. Fest steht jedoch: Sie werden sie finden, und sollten Sie in diesem Moment der Erkenntnis am liebsten lautstark „AHA" schreien wollen, dann TUN Sie es! Springen Sie auf, tanzen Sie und schreien Sie. Lassen Sie das raus, was raus möchte. Vielleicht weckt Ihr Ruf Sie auf. Und Sie erkennen, dass Sie an einem Wendepunkt in Ihrem Leben stehen und endlich das notwendige Werkzeug haben, um die Richtung einzuschlagen, in die Sie gehen möchten. Sie entscheiden, wie Sie handeln. Die folgenden Kapitel sind angereichert mit Erfahrungen und Geschichten, damit Sie Ihre „Reise" planen, die wichtigsten Schritte zur Verwirklichung Ihrer Lebensträume gehen und ihr Leben selbst gestalten können.

In diesem Buch erwarten Sie verschiedene Mitmachseiten, auf welchen Sie gleich Ihre Ideen und Gedanken notieren können. Natürlich können Sie sich auch ein Notizbuch kaufen und dort hineinschreiben. Ich möchte Sie einladen, es zu Ihrem ständigen Begleiter werden zu lassen. Nehmen Sie es immer mit, ins Auto, in den Zug, ins Flugzeug, ins Büro, ins Schlafzimmer, ins Wohnzimmer, auf die Terrasse, ja sogar auf die Toilette. Sie werden es nicht glauben, aber auf dem stillen Örtchen kommen oftmals die besten Ideen. Und in diesen meist kurzen Momenten der Klarheit ist es wichtig, diesen einen wesentlichen und manchmal lebensverändernden Gedanken festzuhalten, denn er wird innerhalb weniger Sekunden vergehen und Sie werden sich leider nicht mehr an ihn erinnern können.

Und falls Sie jetzt denken sollten: Ich habe doch eh schon „alles" ausprobiert! – dann schlage ich Ihnen vor, Sie nehmen jetzt gleich Stift und Papier zur Hand und schreiben auf, was das „alles" gewesen ist. Wie viele konkrete Handlungen haben Sie zielgerichtet und fokussiert ausgeführt, um Ihren Zielen und Träumen näherzukommen? Wenn Sie das tun, wenn Sie die echten Fakten ganz nüchtern und realistisch betrachten, warten vermutlich einige Aha-Momente auf Sie.

Wenn wir aus der alltäglichen Bewusstseinsebene in eine höhere wechseln, die unserer Träume und Visionen, haben wir Zugriff auf Informationen und Ideen, die im „normalen" Alltag nicht greifbar sind. Zugang zu dieser höheren Bewusstseinsebene haben wir in Momenten der Ruhe, des Genusses oder durch Erfahrungen, die einfach anders sind. Manchmal wirkt ein Umgebungswechsel, selbst wenn es nur ein anderer Raum ist, wahre Wunder. Denn jedes Mal, wenn wir etwas verändern, vollziehen wir einen Perspektivenwechsel.

Also: Schreiben Sie in Ihr Buch und Notizbuch! Skizzieren Sie, malen Sie Bilder, kleben Sie Dinge hinein ... Erlauben Sie sich, Ihre Träume, Ihre Ziele und Wünsche festzuhalten, egal wie groß, egal wie unglaublich sie im Moment auch sein mögen!

Ich möchte Sie mit diesem Buch inspirieren, buchstäblich nach den Sternen zu greifen, um mindestens den Mond zu erreichen. Für mich sind Bücher

//

PERSÖNLICH-KEITEN, NICHT PRINZIPIEN BRINGEN DIE ZEIT IN BEWEGUNG.

Oscar Wilde

ebenso lebendig wie Räume. Also nutze ich jede Möglichkeit, um mir Notizen zu machen. Ich unterstreiche, markiere, skizziere und schreibe meine eigenen Ideen hinein. Leider hatte ich immer ziemlich viel zu schreiben und die Bücher wurden schnell unübersichtlich. Aus dieser eigenen Erfahrung habe ich mich entschieden, Ihnen in diesem Buch mehr Raum zu geben, um Ihre Ideen festzuhalten. Natürlich können Sie sich auch extra ein Notizbuch zulegen, das offen für Ihre Gedanken ist. Das mit Ihnen auf die Selbstentdeckungsreise nach den Dingen geht, die Sie unbedingt verwirklichen möchten. Schreiben Sie Ihre geheimsten und kühnsten Sehnsüchte hinein, denen Sie vielleicht aufgrund gesellschaftlicher Prinzipien, Zwänge und Normen einfach keine Gelegenheit gegeben haben, sich zu erfüllen. Nach der Lektüre dieses Buches bringen Sie garantiert den Mut auf, bestehende Strukturen aufzubrechen. Die eigene Komfortzone zu verlassen und innere Widerstände aufzugeben, die das Wachstum jeder Ihrer Ideen bereits im Keim ersticken, weil sie aus dem Verstand und nicht dem Herzen kommen.

Sind Sie bereit, Ihre Lebensträume zu verwirklichen und für das, was Sie wirklich wollen, auch selbst aktiv etwas zu tun? Ihrem inneren Schweinehund die rote Karte zu zeigen und Ihr Leben in die eigene Hand zu nehmen? Dann geben Sie sich jetzt selbst Ihr Wort, dass Sie höchstpersönlich von nun an Ihr Leben lenken, dass Sie bestimmen, was Sie tun und was nicht! Und vor allem: Dass Ihre Lebens- und Arbeitsräume keine Nebensache mehr sind, sondern ein wichtiger Teil Ihres Lebens.

Startklar? Wunderbar! Dann lassen Sie uns beginnen ...

1

1 / Mensch und Raum sind eine Einheit

Hand aufs Herz, woran denken Sie, wenn Sie „Feng Shui" hören? Daran, Ihre Partnerschaft zu verbessern, indem Sie ein Delfinpaar in Ihr Schlafzimmer stellen? Oder mithilfe eines Zimmerbrunnens den Geldfluss zu beleben? Oder einfach nur an Einrichten und Möbelrücken? Nun ja, Sie liegen fast richtig. Aber eben nur fast. Denn das sind tatsächlich wichtige Elemente im Feng Shui, jedoch keineswegs seine Kernkompetenz. Bei der Anwendung dieser über 5.000 Jahre alten chinesischen Harmonielehre geht es vielmehr darum, Mensch und Raum zu verbinden. Und zwar so harmonisch, dass der Raum den Menschen optimal unterstützt, beschützt, inspiriert, anregt und ihm Kraft gibt, damit er seine einzigartigen Talente entfalten kann. Wie das funktioniert, erfahren Sie auf den nächsten Seiten. Denn in der Verbindung von Mensch und Raum liegt ein nahezu unentdecktes Potenzial, welches Sie unbedingt für sich nutzen sollten.

Klingt gut, oder? Die Realität ist, dass unsere Räume viel zu oft viel zu kurz kommen. Denn sie bekommen längst nicht die Aufmerksamkeit, die ihnen zusteht. Warum auch? Schließlich findet unser Leben dort draußen statt. Nach Hause kommen wir doch nur, um zu essen, zu schlafen, mit unserer Familie zu-

//

**SAGE MIR,
WIE DU
WOHNST,
UND ICH SAGE
DIR, WER
DU BIST!**

Danijela
Šaponjić

21

sammenzukommen – wenn es der hektische Alltag erlaubt. Leider höre ich immer noch viel zu oft die Menschen sagen: „Ach, meine Wohnung ist ganz okay. Das Büro ist halt, wie es ist – was kann ich da schon machen?" Sehr oft sind es die gleichen Menschen, die dann auch sagen: „Ach, mein Leben? Passt schon, man lebt halt so vor sich hin!"

Wie bitte? Ganz okay? Passt schon? Für den Rest des Lebens??? Haben Sie schon einmal daran gedacht, dass Sie wirklich Ihr Leben so verändern könnten, dass Sie sich jeden Morgen auf den neuen Tag freuen?

Meiner Erfahrung nach schrecken viele Menschen vor dem Thema Feng Shui zurück, weil sie ein falsches Bild von der Umsetzung haben. Viele meiner Kunden fragen mich gleich beim ersten Gespräch, ob ich denn auch empfehle, Wände einzureißen, Fenster zu vermauern oder gar die Eingangstür baulich zu verlegen? Ich wundere mich oft, woher diese Informationen kommen. Das sind bauliche Eingriffe, die meistens gar nicht möglich sind. Außerdem gibt es jede Menge verschiedene Feng-Shui-Lösungen für die Räume. Bisher gab es noch nie die Situation (und die wird es auch nie geben), dass ich meinen Kunden ein Feng-Shui-Problem aufgezeigt habe, um ihnen dann zu sagen, dass sie nichts dagegen tun können.

 Implementieren Sie Feng Shui in Ihre Lebens- und Arbeitsräume und gestalten Sie diese mit Liebe und Sorgfalt. Ich garantiere Ihnen, dass sich durch die Veränderung Ihrer Umgebung auch Ihr Leben zum Positiven hin verändern wird.

Die Sorge vor großen baulichen Veränderungen ist ein Grund, warum die Menschen dem Feng Shui zurückhaltend begegnen. Eine andere ist, dass einige denken, sie müssten die Räume nun im asiatischen Stil einrichten, obwohl sie ihren eigenen Einrichtungsstil lieben und gleichzeitig fühlen, dass irgendetwas nicht stimmt. Die Frage, die mir Kunden oft stellen, ist: „Wenn ich Feng Shui anwende, muss ich dann neue Möbel kaufen? Vielleicht sogar asiatische Gegenstände und Feng-Shui-Hilfsmittel?" Nun, Feng Shui hat nicht unbedingt etwas mit einem asiatischen Einrichtungsstil zu tun. Jeder Raum, unabhängig davon, welchen persönlichen Stil Sie haben, kann nach Feng-Shui-Prinzipien eingerichtet und gestaltet werden.

FENG SHUI – EINE VIELSEITIGE ERFAHRUNGSWISSENSCHAFT

„Alles ist miteinander verbunden und hat einen Sinn. Obwohl dieser Sinn meist verborgen bleibt, wissen wir, dass wir unserer wahren Mission auf Erden nah sind, wenn unser Tun von der Energie der Begeisterung durchdrungen ist." Dieses Zitat von Paulo Coelho ist eines meiner Lieblingszitate, denn es entspricht auch der Philosophie des Feng Shui. Wer Feng Shui in seinen Räumen anwendet, verbindet ebenfalls alles miteinander: das Zuhause mit der eigenen Persönlichkeit und den individuellen Lebensthemen. Gutes Feng Shui ist in die Lebensräume so integriert, dass man es nicht sieht, sondern fühlt.

Im Laufe der vergangenen zehn Jahre hatte ich sehr viele unterschiedliche Kunden. Eine sehr interessante Beratung war die eines Piloten, der gerade dabei war, nach München zu ziehen. Er hatte eine Penthouse-Wohnung in direkter Nähe des Englischen Gartens gemietet und wollte diese mit meiner Unterstützung einrichten. Ihm ging es vor allem darum, ein Heim zu gestalten, in dem er sich nach den vielen Reisen rund um die Welt wirklich angekommen und zu Hause fühlen konnte. Im Laufe unseres Erstgespräches zeigte er mir Bilder, auf denen seine Möbelstücke – teilweise Unikate verschiedener Designer – abgebildet waren. Diese wollte er größtenteils aus Kapstadt und Bali einfliegen lassen. Ansonsten, so war sein Wunsch, sollte ich mit Farben, sonstigen Einrichtungsgegenständen und Accessoires sehr sparsam umgehen, denn er wollte alles so hell und frei wie möglich haben. Sein Ziel war es in erster Linie, das Lebensgefühl aus Kapstadt und Bali zu sich nach München zu holen.

Bei unserer ersten Besichtigung war die Wohnung noch von den Vormietern eingerichtet. Ihr Stil war eher rustikal mit Hang zu Vollholzmöbeln, schweren Bildern und Antiquitäten. Die Terrasse, die rund um die Wohnung ging, war sehr dicht bewachsen. Die Pflanzen bildeten einen richtigen Schutzwall. In der Wohnung roch es auch verstaubt, obwohl sie in einem Topzustand, aufgeräumt und gepflegt war. Es war nicht zu übersehen, dass die beiden älteren Herrschaften, die hier wohnten, glücklich waren. Sie waren in die Jahre gekommen, bewegten sich langsam und lebten unbeschwert in den Tag hinein. Sie hatten keine Ziele, waren einfach nur am Entspannen und genossen den Ruhestand. Diese Grundenergie war natürlich der meines Kunden komplett entgegengesetzt. Deshalb war ich auch nicht besonders überrascht, dass mein Kunde immer unruhiger wurde, je länger wir in seiner zukünftigen Wohnung waren. Nachdem wir die Wohnung verlassen hatten, atmete er tief ein und seufzte: „Oh man, hier muss aber einiges passieren!" Natürlich hatte er sich in dieser langsamen, schweren Grundenergie der Wohnung nicht wohlgefühlt. Er war Pilot mit Leib und Seele. Bereiste die Welt, verbrachte viel Zeit in Bali, in einem Land, wo die Menschen die Natur sehr stark in ihr Leben integrieren.

Die erste Maßnahme, die ich ihm verordnete, war eine energetische Reinigung der Wohnung, ein sogenanntes Spaceclearing, um die langsame Energie der Vormieter aufzulösen und damit er seine eigene Lebensenergie in die neuen Räume bringen konnte. Als Erstes, nachdem die Vormieter ausgezogen waren, entfernte er das dichte Gewächs, damit die Wohnung wieder frei lag. Danach waren alle seine Bedenken weg, und er konnte damit beginnen, seine neuen Lebensräume zu gestalten – als die Basis für sein neues Leben in München.

Wäre mein Kunde, der Pilot, seinem Instinkt nicht nachgegangen, diese Wohnung grundlegend in der Einrichtung und Energie zu verändern, hätte das einen sehr ungünstigen Einfluss auf sein Wohlbefinden und damit auf sein Leben haben können. Schließlich hatte er – im Gegensatz zu seinen Vormietern, die ihr Leben bereits gelebt hatten – noch richtig was vor in seinem Leben.

RAUS AUS DER ESOTERIKECKE!

Eine leider weitverbreitete Meinung über Feng Shui ist, dass es kompliziert und total esoterisch ist. Also nichts für die Bodenständigen und Realistischen unter uns ... Was definitiv stimmt, ist, dass Feng Shui sehr anspruchsvoll und komplex ist. Es ist eine Erfahrungswissenschaft, die sich durch eine jahrhundertelange Beobachtung der Natur entwickelt hat. Früher waren wesentlich mehr Menschen offen für die Gesetze der Natur. Sie beobachteten die Landschaftsformationen, die Kräfte der Natur, die Wasserverläufe, die Himmelsrichtungen. Aus diesen Beobachtungen entwickelten sie die heute noch gültigen Harmoniegesetze des angewandten Feng Shui. Angetrieben von meiner eigenen Neugierde und den unterschiedlichen Beratungsaufträgen, erforsche ich dieses Gebiet seit vielen Jahren zunehmend mehr und immer tiefgreifender. Ich sehe Mensch und Raum als eine Einheit. Es ist unser Zeitgeist, dass viele Menschen in ihre Persönlichkeitsentwicklung, Coachings und Seminare investieren, was ich eine tolle Entwicklung finde. Was mir dabei jedoch sehr oft begegnet, ist, dass sie sich innerlich entwickeln und verändern, das Äußere – Ihr Lebensumfeld – allerdings bleibt gleich. Natürlich ist es logisch, dass es in „alten" Umgebungen ungleich schwerer ist, Neues zu leben. In meiner Tätigkeit stelle ich deshalb ganz neue Verbindungen zwischen den Menschen und ihren Räumen her, ich analysiere die individuelle Lebenssituation und entwickle völlig neue Maßnahmen, um die Räume damit zu harmonisieren. Denn unser Lebensumfeld verändert sich, ebenso die Menschen und auch ihre Ansprüche an die eigenen Lebens- und Arbeitsräume. Mir geht es also weniger um traditionelle, altchinesische Feng-Shui-Prinzipien als vielmehr darum, die Istsituation genau aufzunehmen, um daraus passende und umsetzbare Maßnahmen zu entwickeln.

Erinnern Sie sich an Ihren letzten Umzug? Was haben Sie als Erstes in der neuen Wohnung beziehungsweise in Ihrem neuen Haus platziert? Wahrscheinlich die Küche, das Bett, den Kleiderschrank und gegebenenfalls den Fernseher. Der Rest wurde um diese Gegenstände herum geplant. Womöglich denken Sie jetzt: Viel Flexibilität und Freiheit bleiben da nicht mehr für das kreative Einrichten. Ja, ich kann verstehen, dass das so erscheinen mag. Und ich sage Ihnen: Doch, es gibt Möglichkeiten, auch in den kleinsten Räumen Feng Shui zu implementieren. Das ergibt sich aus der Komplexität dieser Erfahrungswissenschaft, die irgendwo immer die richtige Lösung für jede Situation parat hat. Die Suche nach dieser Lösung, die Ausarbeitung ist das, was die Feng-Shui-Beratung so vielseitig, interessant und spannend macht.

Dass Feng Shui esoterisch ist, da muss ich vehement widersprechen. Das stimmt nicht, das ist es nicht. Ich werde Ihnen auch plausibel erklären warum. Das Wort Esoterik leitet sich aus dem griechischen Wort esōterikós = „innerlich", „dem inneren Bereich zugehörig" ab. Im heutigen Sprachgebrauch wird der Begriff Esoterik jedoch sehr häufig herangezogen, um etwas „Irrationales" oder „Versponnenes" zu beschreiben. Und leider wird er auch oft mit „Spiritualität" verwechselt. So wurde in den 1990er-Jahren auch dem Feng Shui teilweise der Stempel „esoterisch" aufgedrückt.

Wie bereits zuvor erwähnt basiert Feng Shui auf der Beobachtung der Natur und ihrer Gesetze. Feng Shui bedeutet „Wind und Wasser" und wird im Buch der Riten (circa 300 nach Christus) von Guo Po wie folgt beschrieben:

„Qi wird vom Wind zerstreut und stoppt an der Grenze des Wassers."

Feng Shui hat eine spirituelle Seite, die keinesfalls mit Esoterik zu verwechseln ist. Im spirituellen Feng Shui geht es um unsere Aufmerksamkeit und die Intention, mit der wir Feng Shui umsetzen. Was damit gemeint ist, ist Folgendes: Arbeiten Sie die Empfehlungen einfach nur ab und warten Sie auf Veränderungen in Ihrem Leben, die sich von selbst und automatisch einstellen? Oder lassen Sie sich voll und ganz ein auf den Prozess des Feng Shui – räumlich und auch persönlich?

Damit es nicht so theoretisch bleibt, möchte ich ein Beispiel aus meiner Berufspraxis mit Ihnen teilen: Nach einer umfangreichen Feng-Shui-Beratung im Haus einer Kundin bekam ich einige Wochen nach der Beratung einen Anruf. Sie sagte mir, dass ihr Leben sehr turbulent geworden sei und sie sich gestresst fühle. So hatte sie sich die Auswirkungen der Feng-Shui-Beratung natürlich nicht vorgestellt! Ursprünglich war es bei ihr hauptsächlich darum gegangen, wieder mehr Schwung in ihr Leben zu bringen, da sie geschäftlich kaum noch Erfolg hatte. Finanziell ging es ihr zwar nicht schlecht, dennoch war da noch deutlich Luft nach oben. Eine Partnerschaft wünschte sie sich ebenfalls, aber in diesem Lebensbereich ging seit Jahren gar nichts mehr. Als ich zu ihr zur Beratung kam, hatte sie vom Singledasein die Nase endgültig voll. Das waren die Hauptgründe, die sie dazu bewogen hatten, eine Feng-Shui-Beratung bei mir zu buchen. Nach ihrem Anruf vereinbarten wir einen neuen Termin, um herauszufinden, was geschehen ist.

Im Haus angekommen traute ich meinen Augen nicht: Alles sah wirklich ganz anders aus. Ich konnte es selbst kaum glauben. Einen Moment lang war ich so überrascht, dass ich mich tatsächlich fragte, ob ich im richtigen Haus stand. Aber die Person, die mich gerade begrüßte, war meine Kundin, daran bestand kein Zweifel. Sie bemerkte mein Erstaunen und fragte: „Ist das Haus nicht wundervoll geworden?" Ich war sprachlos. Innerhalb weniger Wochen hatte meine Kundin ihr Haus fast komplett neu gestaltet. Alle alten Möbel waren gegen neue ausgetauscht, das Gerümpel, welches sich seit vielen Jahren in den Ecken versteckt hatte, war weg, die Wände waren neu gestrichen und die empfohlenen Farbakzente gesetzt. Klingt nach einer zufriedenen Traumkundin. Man möchte meinen, dann sei doch alles paletti, oder?

Mir war sofort klar, warum die Kundin nun klagte, dass ihr Leben sehr turbulent geworden sei. Und zwar so stark und plötzlich, dass es sie von heute auf morgen verständlicherweise überforderte. Sie schaute mich immer noch erwartungsvoll an und wollte für die detaillierte Umsetzung der Beratung anerkannt werden. Ja, alles war perfekt umgesetzt worden. Zu perfekt? Mich beschlich eine leise Ahnung, darum

27

fragte ich sie, von wem das alles umgesetzt worden war. Dass sie alles allein gemacht hatte, schien mir nahezu unmöglich. Ich lag richtig! Sie erzählte mir, dass sie, da sie es kaum erwarten konnte, ihr Leben zu ändern, eine Innenarchitektin mit der zügigen Umsetzung der empfohlenen Feng-Shui-Maßnahmen beauftragt hatte. In den zwei Wochen, in denen das Haus renoviert wurde, machte sie Urlaub. Vielleicht ahnen Sie schon, was passiert war. Meine Kundin war mit dem Prozess der Veränderung nicht mitgewachsen. Zurück in München erwartete sie ein neues Zuhause, für das sie noch nicht bereit war. Der Prozess der Veränderung hatte in ihr selbst nicht stattgefunden. Alles war zwar super geplant, doch alles fand ohne sie statt. Das war es, was ihr jetzt Stress verursachte. Es war nicht sie, die sich mit dem Ausmisten beschäftigt, die Gegenstände sortiert und weggegeben hatte. Es gab somit quasi keine „Trennungs- und Abschiedsphase", kein Erinnern an Erlebnisse oder sanftes Abschließen mit der Vergangenheit. Vielmehr hatte sie all das anderen, Fremden, überlassen. Ja, sie hat für alles bezahlt, und zwar nicht wenig, aber sie hat keine Entscheidungen getroffen. Interessanterweise kamen wir in unserem Gespräch darauf, dass sie auch im Leben Entscheidungen lieber anderen überlässt, weil sie sich vor der Verantwortung scheut. Diese Vorgehensweise hat sie nicht selten bereits in sehr stressige Situationen gebracht und viel Kraft gekostet. Genau das Gleiche passierte jetzt mit der Feng-Shui-Beratung und ihrem Zuhause. Sie war mit der Veränderung überfordert und jemand anders war schuld. Das Feng Shui, die Feng-Shui-Beraterin (also ich), die Innenarchitektin und auch die Handwerker. Nur sie konnte nichts dafür – sie war ja im Urlaub.

 In Ihren Lebens- und Arbeitsräumen sollte sich nichts befinden, was Sie oder Ihre Mitbewohner nicht mögen oder brauchen. Ihre erste Aufgabe: Achten Sie in den nächsten Tagen bewusst darauf, ob es in Ihren Räumen Gegenstände gibt, die sie nerven oder in Stress versetzen. Wenn Sie möchten,

28

dann notieren Sie sich zunächst alles, was Ihnen auffällt. Wir befinden uns in diesem Kapitel noch im Modus „Status quo": wahrnehmen und aufschreiben! Im nächsten Kapitel geht es dann auch praktisch zur Sache und Sie treten in Aktion.

Das Haus meiner Kundin war also rundum renoviert, sah toll aus, doch meine Kundin hatte die Verbindung zu IHREM Zuhause verloren. Das musste jetzt nachgeholt werden! Der erste Schritt bestand darin, alles zu verändern, was ihr im neuen Zuhause nicht gefiel, egal wie viel es gekostet hatte und wie perfekt es vielleicht aussah. Alles, womit sie sich nicht wohlfühlte, musste weg. Das Erste, wovon sie sich sofort befreite, war der große weiße Teppich im Eingangsbereich. Bereits der Gedanke, er könnte schmutzig werden, ließ sie jedes Mal zusammenzucken, wenn es an der Haustür klingelte. Das erzeugte Stress und war überhaupt nicht im Sinne von Feng Shui. Der Teppich war nur der Beginn des persönlichen Veränderungsprozesses. Sie begann nun, für sich ein Zuhause zu gestalten, welches ihren aktuellen Wünschen und Bedürfnissen entsprach. Nach einigen Monaten meldete sie sich wieder bei mir. Entspannt, glücklich – und verliebt.

IHRE RÄUME FORMEN UND BEEINFLUSSEN IHR LEBEN

Wir brauchen Lebensräume, die uns schützend und unterstützend umgeben. Genau dafür sorgt Feng Shui. Im Feng Shui werden Häuser, Wohnungen und Büros als Wohn- und Arbeitskörper beschrieben. Sie sind wie eine zweite Haut, die uns umgibt. Beim Menschen ist die Haut das größte Organ des Körpers und hat die Aufgabe, den menschlichen Organismus vor äußeren Umwelteinflüssen zu schützen, indem sie Gifte abfängt. Sie dient der Abgrenzung zwischen innen und außen und ist unglaublich wichtig für unser inneres Gleichgewicht. Über die Haut wird auch das lebensnotwendige Vitamin D gebildet, das unser Wohlbefinden und unsere Gesundheit maßgeblich mit beeinflusst.

Lassen Sie uns diese wichtigen Funktionen der Haut auf die eigenen vier Wände übertragen, die uns umgeben. Unser Haus (gilt auch für Wohnung und Büro) hat die Aufgabe, die Bewohner von äußeren Umwelteinflüssen zu schützen, vor Gefahren, Nässe und Kälte. Das eigene Heim soll uns Sicherheit geben und Geborgenheit vermitteln. Durch die Türen und Fenster kommt Licht und Lebensenergie hinein, die wir für ein gesundes Leben unbedingt benötigen. Des Weiteren ist das Haus das Gerüst, welches unsere Gesundheit und den Wohlstand aufrecht hält.

Mein Feng-Shui-Meister hat mir in der Ausbildung immer erzählt, dass die traditionellen Ärzte in China den Einfluss der Räume auf den Menschen und seine Gesundheit sehr ernst nehmen. Er erzählte mir: Kommt in China ein Patient wiederholt mit dem gleichen gesundheitlichen Problem zum Arzt, so wird er mit der dringenden Empfehlung, die Lebensräume mit einem Feng-Shui-Berater anzuschauen, wieder nach Hause geschickt. Denn die Lebensräume werden im Feng Shui mit den verschiedenen Körperteilen und Organen des Menschen in Verbindung gebracht. So wird das Wohnzimmer mit der Lunge in Verbindung gebracht. Wenn also ein Teil des Raumes im Ungleichgewicht ist, so überträgt sich das eventuell auch auf die Gesundheit der Bewohner. In der Lehre des Feng Shui wird ebenso darauf geachtet, dass die Lebensenergie jeden einzelnen Raum mit Leben und Kraft versorgt.

Wenn wir also mit den Augen des Feng Shui unsere Räume betrachten, dann gibt es kein Zimmer, das wir bei der Gestaltung vernachlässigen oder ignorieren können. Das gilt insbesondere für Badezimmer und Abstellräume. Genauso wenig sollten wir einen Teil unserer Körpers ignorieren. Ihre Wohnung ist wie Ihr Körper, ein lebender

//

SIND DIE LEBENSRÄUME IM GLEICHGEWICHT, SO SIND ES AUCH DIE BEWOHNER.

Danijela
Šaponjić

Organismus, der in seiner Gesamtheit gesund und kraftvoll sein sollte. Deshalb kann eine Feng-Shui-Beratung auch nicht nur für einen
Raum gemacht werden, weil Ihr gesamtes Zuhause ganzheitlich betrach-
tet werden muss.

Diese Tatsache hat bereits während meiner Ausbildung den Grundstein
für meine spätere Berufung als Feng-Shui-Beraterin gelegt. Ich möchte
die Menschen mit den Räumen zu einer Einheit verbinden. Mir war es
wichtig, das Feng Shui aus der Nische „Mittel zum Zweck" herauszuho-
len. Ein Enten- oder Delfinpaar in die Partnerschaftsecke zu stellen, um
der Beziehung mehr Energie zu geben, ist nur ein winzig kleiner Ansatzpunkt dieser umfangreichen Lehre.

   Sehr vielen Menschen bietet das „Bagua" einen ersten Einstieg
in die komplexe Lehre des Feng Shui – es ist bei uns in der westlichen
Welt sehr stark verbreitet. Bei der Arbeit mit dem Bagua geht es darum,
den Grundriss der eigenen Wohnung oder des Hauses in neun gleiche
Bereiche (Rechtecke) einzuteilen. Jedem dieser Bereiche wird ein Lebensbereich zugeordnet. Dieser Lebensbereich kann dann durch den
Einsatz unterschiedlicher Hilfsmittel aktiviert werden. In den kommenden Kapiteln werde ich Ihnen mehr Wissen zu den einzelnen Lebensbereichen vermitteln.

DIE SEELE UNSERER LEBENS-
UND ARBEITSRÄUME

Unsere Lebens- und Arbeitsräume haben eine Seele. Diese Raumseele
möchte genährt und beachtet werden, ebenso wie die eigene Seele.
Das ist ein weiterer Aspekt, warum die Räume uns nur das spiegeln, was
wir sind. Stehen wir auf Kriegsfuß mit ihnen, so finden wir auch keine
Entspannung und tanken keine Kraft dort. Der Schlaf ist nicht so erhol-
sam, wie er sein könnte, wir haben nicht so viel Freude und fühlen uns
insgesamt gestresster.

So ging es auch einer Münchner Familie, die ich erst kürzlich beraten habe. Ich bekam den Anruf, der einem Hilferuf glich. Die Familie bat mich um eine Beratung, die quasi als letzte Rettung vor dem Umzug dienen sollte.

Bei den Kunden angekommen wollte ich mir ein Bild von der Situation machen und gewann ziemlich schnell den Eindruck, dass die Wurzel des Problems und seine Lösung nicht nur in der Veränderung der Einrichtung und der Optimierung des Qi-Flusses lag. Ich stellte der Familie die Frage, die ich allen meinen Kunden stelle: „Wie kann ich Sie unterstützen?" Diese Frage löste einen knapp einstündigen Monolog aus, in welchem mir das Ehepaar schilderte, wie sehr sie die Wohnung ablehnten und wie ungern sie dort lebten. Vor allem ärgerte sie die Treppe, die mitten im Wohnzimmer platziert war. Ich sah, wie unzufrieden, unglücklich und gestresst diese Menschen waren. Nichts an dieser Wohnung schien zu passen. Der Grundriss, die Zimmeraufteilung, das Schlafzimmer im Souterrain, der Platz für den Esstisch, das Wohnzimmer ... Kein Bereich wurde ausgelassen. Zugegeben, diese Wohnung hatte einen sehr ungewöhnlichen Grundriss, was einige Herausforderungen bei der Einrichtungsplanung mit sich brachte. Natürlich drängte sich die Frage auf, warum sie überhaupt hier eingezogen waren. Doch darum ging es nicht. Fakt war, dass sie in dieser Wohnung bleiben wollten, weil ein Umzug ein zu großer Kostenfaktor wäre, zumal die Wohnung gekauft und nicht nur gemietet war. Tja, als Feng-Shui-Beraterin sind mir natürlich auch gewisse Grenzen gesetzt, ich kann nur mit dem arbeiten, was tatsächlich da ist. Doch in diesem Fall wusste ich: Hier ging es bei Weitem nicht nur um die Einrichtung. Eine andere, viel wichtigere Frage musste zuerst geklärt werden, um herauszufinden, ob eine Beratung überhaupt Sinn machte.

Nachdem das Ehepaar seiner Unzufriedenheit Luft gemacht hatte, was sehr wichtig war, fragte ich: „Können Sie sich vorstellen, Ihr Herz für diese Wohnung wieder zu öffnen?" Die beiden sahen mich an, als ob ich nicht ganz bei Verstand wäre. Was sollte denn diese Frage? Wie das Herz öffnen? Für eine Wohnung?

Doch was ich während des ersten Gespräches wahrgenommen hatte, war, dass es mit dieser Einstellung und inneren Haltung keine Chance gab, dass diese Wohnung ein Heim für die Familie werden konnte. Die Verbindung zwischen Mensch und Raum war unterbrochen. Der erste Schritt meiner Feng-Shui-Beratung bestand also darin, eine bewusste Entscheidung FÜR dieses Zuhause herbeizuführen.

Nehmen wir an, Sie lernen jemanden kennen und verlieben sich auf den ersten Blick. Tag für Tag erfahren Sie mehr über diesen Menschen. Sie teilen Gedanken und Erfahrungen, beginnen, Gemeinsamkeiten zu entdecken, und erleben zusammen Neues. Sie nähern sich an. Irgendwann kommen Eigenschaften Ihres Partners zutage, die Ihnen nicht so gut gefallen. An der Stelle müssen Sie eine Entscheidung treffen: Kann ich mit diesen Eigenschaften leben – oder nicht? Bleibt mein Herz für diesen Menschen offen und mein Geist neugierig, oder habe ich mir eine Meinung gebildet und das Herz verschlossen? Der Versuch, den anderen zu ändern, ihn so zu „biegen", wie Sie ihn gerne haben möchten, endet in den meisten Fällen in Unstimmigkeiten. Das wäre so, wie wenn ich bei den Feng-Shui-Beratungen damit beginnen würde, Wände zu verschieben. Treffe ich dabei zufällig eine tragende Wand, bricht das ganze Haus zusammen. Schieben Sie jedoch eine Meinung über die Wohnung oder die Menschen auf die Seite, so besteht die Möglichkeit, dass Sie neue Eigenschaften und Potenziale entdecken, die Ihnen bisher völlig unbekannt waren. Mahatma Gandhi hat es wunderbar auf den Punkt gebracht (siehe Zitat links).

Nach einiger Bedenkzeit haben diese Kunden sich dafür entschieden, eine Verbindung mit ihrer Wohnung aufzubauen und ihr so die Möglichkeit zu geben, für sie ein Heim zu werden. So wurde der richtige Ansatzpunkt für die Feng-Shui-Beratung gefunden. Erst als diese Entscheidung getroffen war, konnte ich die Familie mit einer Feng-Shui-Beratung weiter unterstützen.

//

DU MUSST DIE VERÄNDERUNG SEIN, DIE DU IN DER WELT SEHEN WILLST.

Mahatma Gandhi

FENG SHUI IN DAS
EIGENE LEBEN INTEGRIEREN

Feng Shui in das eigene Leben zu integrieren, sollte genauso selbstverständlich werden wie der Besuch beim Heilpraktiker. Denken Sie nur einmal 20 oder 30 Jahre zurück: Wer damals zum Heilpraktiker ging, war ein absoluter Exot. Bis heute hat sich daran zwar einiges geändert, aber der Weg zum Heilpraktiker ist noch längst nicht so anerkannt wie der zum Schulmediziner. Der „normale" Weg bei Krankheit ist bis heute der zum klassischen Arzt. Ähnlich ist es mit unserem Zuhause. Wenn uns unsere Lebensräume nicht mehr gefallen, dann gehen wir meistens ins Möbelhaus und kaufen uns neue Möbel, Accessoires oder Dekoration. Für einen gewissen Zeitraum fühlen wir uns dann auch tatsächlich besser. Doch irgendwann verfallen wir wieder in denselben Zustand wie vorher. Also machen wir uns wieder auf zum Möbelhaus. Oder wir ziehen ganz um! Aber auch in der neuen Wohnung gefällt es uns schon bald nicht mehr. So fängt der Kreislauf erneut von vorne an. Und das immer und immer wieder. Bis es uns irgendwann reicht und wir neugierig werden herauszufinden, woran dieses sich wiederholende Muster liegen könnte. Leider ist in dieser Situation der Weg zur Feng-Shui-Beratung noch lange nicht selbstverständlich. Schade, denn Feng Shui bietet hier viel Unterstützung.

Feng Shui ist nichts anderes als Akupunktur für die Lebensräume. Die Qi-Blockaden in den Räumen, also Störungen im Fluss der Lebensenergie, werden durch bestimmte Feng-Shui-Maßnahmen und -Empfehlungen aufgelöst. Daraus resultiert ein ganz neues Gefühl von Wohlbefinden, zu Hause angekommen sein, gute Laune und Klarheit.

Wenn ich knapp zehn Jahre zurückdenke, da musste ich meine Akupunktur noch selbst bezahlen, und heute ist es fast selbstverständlich, dass die Kosten zumindest für zehn Sitzungen von den Krankenkassen übernommen werden. Die positive Auswirkung der Akupunktur auf die Gesundheit der Menschen wurde endlich auch hier im Westen anerkannt, obwohl die älteste Erwähnung dieser Heilmethode von dem chinesischen Historiker Sima Qian aus dem zweiten Jahrhundert vor Christus stammt. Ich bin guter Dinge, dass sich das Bewusstsein für Feng Shui – ebenso wie die Wertschätzung für die alternative Medizin in den vergangenen Jahren – zukünftig positiv verändern wird. Mein Wunsch wäre, dass Feng Shui zur Selbstverständlichkeit wird.

DAS ENTSCHEIDENDE PUZZLETEIL, DAS UNSER SCHICKSAL BEEINFLUSST

Wie es uns geht, ob wir gesund und erfolgreich sind, hängt von vielen verschiedenen Faktoren ab: mit wem wir unsere Zeit verbringen, was wir essen, womit wir uns beschäftigen, was wir denken und womit wir umgeben sind – auch räumlich. Die Räume, in denen wir uns aufhalten, leben und arbeiten, spielen eine maßgebliche Rolle für unser Wohlbefinden, unsere Work-Life-Balance und ob wir im Fluss des Lebens leben und unserem DAO (aus dem Taoismus = Lebensweg) folgen. Im Augenblick der Geburt begeben wir uns auf die Reise zu unserer Bestimmung – und auf dem Weg dorthin erleben wir den Fluss des Lebens.

Alles im Leben ist Energie, das hat uns die Physik längst bewiesen. Jedes Lebewesen besitzt eine bestimmte Menge an Lebensenergie, die ihm zur Gestaltung seines Lebens zur Verfügung steht. Es gibt Zeiten, in denen wir viel Energie abgeben, weil gerade viel los ist, wir tolle Herausforderungen meistern und positiv gefordert werden, und dann gibt es Zeiten, in denen wir Energie tanken. Für viele ist das der Urlaub. Wir füllen unser „Energiekonto" mit Schlaf, Sonne, Bewegung, Genuss, Entspannung, Sport, Liebe … Doch sechs Wochen Urlaub im Jahr reichen für die meisten von uns nicht aus, um richtig dauerhaft aufgetankt zu bleiben, sondern gerade mal, um „durchzuhalten".

Genau hier kommt Feng Shui als ein elementares Puzzleteil in Ihr Leben! Denn es sorgt dafür, dass Sie Ihre Lebensenergie immer dann auftanken, wenn Sie die Tür zu Ihren Lebensräumen öffnen. Ihre Räume werden Ihr „Urlaub". Das Spannende allerdings ist, dass die Schönheit der Räume nicht unbedingt etwas über die Verbindung mit den Menschen aussagen muss. Viel zu oft werde ich mit Beratungen für Häuser beauftragt, die atemberaubend schön sind. So auch von einer Familie, die in ein wunderschönes Haus am Münchner Stadtrand gezogen ist. Große helle Räume, mit Naturmaterialien ausgestattet, eine moderne Einrichtung und Küche, sehr viel Platz und ein großer Garten mit Schwimmteich rundeten das Gesamterscheinungsbild des Hauses ab.

Doch die Familie fühlte sich nicht wohl. Die Frau dachte zuerst, dass mit ihnen etwas nicht stimmt, denn alle, die das Haus betraten, waren begeistert, alle bis auf die Bewohner. Verwandte und Bekannte hielten dem Ehepaar sogar vor, undankbar zu sein. Das Unwohlsein äußerte sich in der Familie mit Stress und Streitigkeiten. Hauptursache hierfür war, dass seit dem Umzug finanziell einiges schiefgelaufen war. Es fühlte sich an, als ob das Haus ein Fass ohne Boden war. Diese Entwicklung konnte sich niemand erklären, denn vor dem Umzug lief alles sehr gut. Beruf, Partnerschaft, Finanzen – alles im Lot. Wie konnte es sein, dass sich nach dem Umzug so vieles zum Schlechten hin verändern konnte?

Diese Frage erinnerte mich sehr genau an unseren damaligen Umzug und meine Frage nach dem Warum. Warum passiert es, dass nach einem Umzug das Leben so durcheinandergeraten kann? Aus heutiger Sicht und mit der Erfahrung unzähliger Beratungen kann ich eindeutig sagen: Weil die Räume, in denen wir leben und arbeiten, einen Einfluss auf unser Dasein haben. Sei es auf die Partnerschaft, den Ruhm, die Familie, die Karriere, den Wohlstand oder die Freundschaften.

STORY:
Ich hatte einmal eine Kundin, die mich fragte, warum ihr toller, großer Feng-Shui-Brunnen nicht wirkt. Dieser hätte ihren Wohlstand ankurbeln sollen, so war das Versprechen aus dem Buch – und entsprechend auch ihre Erwartungshaltung. Als ich zu ihr nach Hause kam, sah ich sofort

den Brunnen, er war sehr schön und beleuchtet. Allerdings war er ungünstig aufgestellt: Er stand auf einem Stapel alter Zeitungen – und auch die restliche Wohnung war mit Gerümpel ziemlich vollgestellt. Natürlich kann ein Brunnen allein nicht wirken, nur ein Brunnen verdient noch lange kein Geld. Das wäre dann tatsächlich Esoterik!

Ein Beispiel: Wenn wir Geschäftsideen haben, uns für eine Arbeitsstelle bewerben, auf die nächste Gehaltsverhandlung vorbereiten, vielleicht Spar- beziehungsweise Investitionspläne schmieden, dann kann der Brunnen diese Wohlstandsenergie, die wir durch unser eigenes Handeln gebaut haben, unterstützen. Er aktiviert den Qi-Fluss und erhöht die Energie in dem Bereich, wo er steht.

DER VAMPIREFFEKT – WENN RÄUME ZU ENERGIESAUGERN WERDEN

Kennen Sie auch diese Menschen, die den Eindruck machen, einfach immer voller Power zu sein? Die schier endlose Lebensenergie (Qi) besitzen? Zählen Sie vielleicht selbst zu jenen? Das ist faszinierend. Dann sind Ihre Energieflüsse im Gleichgewicht. Sorgen Sie dafür, dass dieser Strom an Energie nicht abreißt! Ein noch so großes persönliches Energiepotenzial nützt uns nämlich nichts, wenn wir in einem Lebensumfeld arbeiten und leben, das unsere Kraft nicht unterstützt und nährt. In solchen „toten" Räumen fühlen wir uns schnell müde, erschöpft und letzten Endes auch gestresst.

Wenn die Energie der Räume unter unserem persönlichen Energielevel liegt, dann versuchen wir unterbewusst die Raumenergie wieder ins Gleichgewicht zu bringen, indem wir persönlich Energie an den Raum abgeben. Wiederholt sich dieser Vorgang über Monate und Jahre, so werden Sie früher oder später Energie verlieren. Müdigkeit und Konzentrationsprobleme sind die Folge. Im Feng Shui nennen wir diesen Vorgang den Vampireffekt.

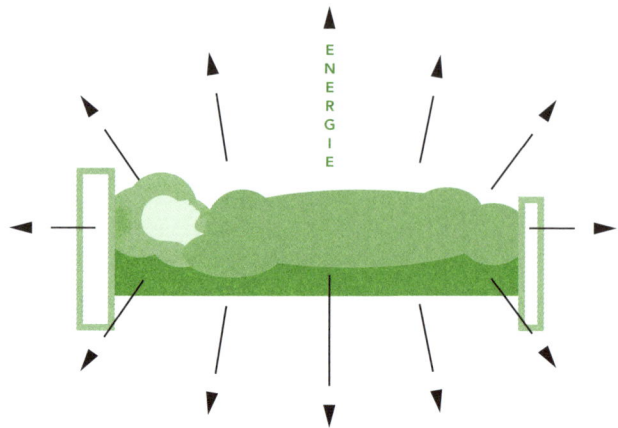

IST UNSER PERSÖNLICHES ENERGIELEVEL HÖHER ALS DIE RAUMENERGIE,
VERSUCHEN WIR UNBEWUSST AUSZUGLEICHEN. WIR GEBEN
KONSTANT ENERGIE AN DEN RAUM AB, WAS UNS LANGFRISTIG SCHWÄCHT.

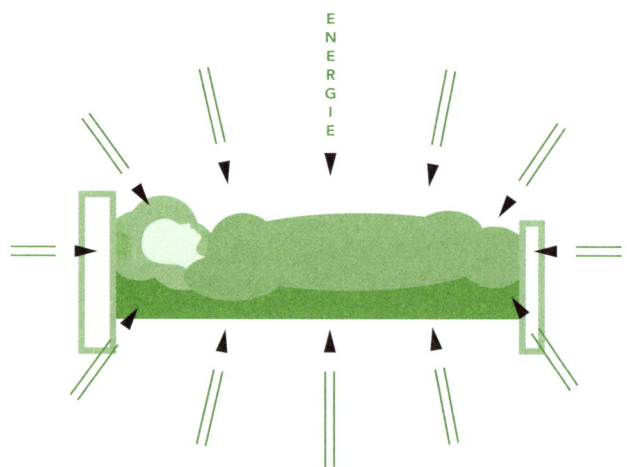

DURCH DEN EINSATZ VON FENG SHUI SORGEN SIE UNTER ANDEREM DAFÜR,
DASS DIE LEBENSRÄUME MIT QI VERSORGT SIND, UND KEHREN SO
DEN VAMPIREFFEKT UM. RAUMENERGIE LIEGT ÜBER DER EIGENEN, WODURCH
SIE MIT KRAFT VERSORGT WERDEN.

Indem Sie Feng Shui in Ihre Lebensräume integrieren, erschaffen Sie ein Umfeld, in dem Sie Ihre Potenziale und Talente entfalten können. Sie sorgen dafür, dass Ihre Lebensenergie (Qi) in Balance bleibt, und räumen die Steine aus Ihrem Lebensweg, die Sie daran hindern, erfolgreich, glücklich und gesund zu sein.

Allerdings kann Feng Shui nur das unterstützen, was vorhanden ist. Gehen Sie in Aktion, um Ihr Leben und Ihre Lebensräume zu verändern, so werden Sie dabei unterstützt. Bleiben Sie auf dem Sofa sitzen, so wird weiter nichts passieren.

Feng Shui wird Ihre Schulden nicht begleichen oder Ihren Partner verändern. Die wahre Kraft des Feng Shui werden Sie erfahren, wenn Sie sich auf den Weg machen, neugierig auf das Leben zu werden und das Potenzial zu entdecken, das Ihre Lebensräume für Sie bereithalten.

2 / Ihre Lebensräume – der Spiegel Ihres Lebens

„Es gibt eine bestimmte Form der Vitalität, eine Lebenskraft, eine Energie, eine Bewegung, die sich nur durch Sie in Aktion umsetzen lässt. Und da Sie ein einzigartiges Wesen sind, ist auch dieser Ausdruck des Lebens einzigartig. Wenn Sie diese Lebensenergie blockieren, wird sie niemals durch einen anderen Menschen lebendig und geht für immer verloren." Martha Graham

Dieser Behauptung Martha Grahams schließe ich mich zu 100 Prozent an. Provozierend? Vielleicht. Vor allem ehrlich. Wie vital und energiegeladen fühlen Sie sich? Wie sieht Ihre unmittelbare Umgebung aus, wie Ihr Zuhause und Ihr Büro? Unsere Lebens- und Arbeitsräume zeigen, wer wir sind. Und sie sind auch der Spiegel dessen, wie wir uns zurzeit fühlen. Sind unsere Räume im Chaos, liegt es sehr nahe, dass auch unser Leben momentan mehr oder weniger im Chaos versinkt. Wir können gar nicht anders. Wie sollen wir im Außen für Klarheit und Ordnung sorgen, wenn in uns alles durcheinander ist? Haben Sie schon einmal versucht, klar Schiff zu machen, wenn Sie gerade super viel im Kopf haben? Nicht gerade einfach …

Unsere Lebens- und Arbeitsräume sind auch der Spiegel unseres Erfolgs, unseres Wohlstands und unserer Gesundheit. Sie zeigen, wer wir

41

sind, wofür wir uns interessieren und wo unsere Leidenschaften liegen. Sie sind die Quelle der Ruhe, Energie und Erneuerung. Die Oase, der Rückzugsort, unser kleines Paradies im Alltag, wo wir Energie tanken und uns neu ausrichten können. Das bedeutet aber nicht, dass alles in den Lebensräumen exklusiv oder ein besonderes Design haben soll. Vielmehr geht es um die Frage: Passt Ihre Wohnung, Ihr Haus und Büro zu Ihnen und Ihren Visionen?

Dieses Kapitel steht ganz im Zeichen der Bestandsaufnahme. Lassen Sie uns zunächst gemeinsam feststellen, wo Sie stehen, was Sie zurzeit beschäftigt und was Sie in Ihrem Leben erreichen wollen. Wohin darf Ihre Lebensreise gehen? Lassen Sie uns dann im zweiten Schritt herausfinden, wo Ihre Lebensräume Sie daran hindern, in Ihre volle Kraft zu gehen und alle Ihre Potenziale zu entfalten.

Möglicherweise stellen Sie sich jetzt die Frage, warum ich Ihnen nicht einfach sage, was Sie tun können, um entsprechende Ergebnisse zu erzielen. Genau das machen nahezu alle Bücher, die sich mit Feng Shui beschäftigen. Meiner Erfahrung nach liegt eine große Kraft darin, genau hinzuschauen und sich die folgenden Fragen zu stellen:

- Wo bin ich?
- Wo möchte ich hin?
- Was hält mich zurück?

Das ist die Brücke zwischen Feng Shui und Persönlichkeitsentfaltung. Das ist der entscheidende Punkt, der Ihnen den Erfolg bringen wird, den ich Ihnen durch die Arbeit mit diesem Buch verspreche. Ich möchte nicht, dass es Ihnen so geht wie der Dame mit dem Feng-Shui-Brunnen auf dem Zeitungsstapel (siehe Kapitel 1, Seite 36/37). Hier konnte Feng Shui nicht wirken, nicht etwa weil der Zimmerbrunnen falsch war, sondern weil der Raum dafür noch gar nicht vorbereitet war. Die Natur gibt uns auch hier vor, wie der natürliche Ablauf der Dinge ist. Bevor ein

//

**DU SIEHST
DINGE UND DU
SAGST:
WARUM?
ABER ICH
TRÄUME VON
DINGEN,
DIE ES NIE
GEGEBEN HAT,
UND ICH
SAGE: WARUM
NICHT?**

George Bernard
Shaw

Bauer ernten kann, muss er sich erst um seine Felder kümmern. Er pflügt, sät, bewässert – über einen längeren Zeitraum und in mehreren Schritten. Wenn er sich nicht an all diese einzelnen Schritte hält, kann er keine Ernte einfahren. Ganz genauso ist es auch mit unseren Träumen und Zielen. Bevor unser Traum Wirklichkeit werden kann, ist es wichtig, sich selbst sowie die Lebensräume darauf vorzubereiten, sozusagen neutralen und fruchtbaren Boden zu schaffen. Wenn dann der zarte Keim unseres Traums das Licht der Welt erblickt, muss er geschützt und genährt werden, sonst wird er von den Bedenken und Zweifeln schnell wieder vernichtet. Nun ja, und manchmal ist auch ein Waldbrand notwendig, der erst alles zerstört, damit etwas Neues und sehr Fruchtbares entstehen kann. Nun ist es an der Zeit, tätig zu werden und in Aktion zu gehen! Beginnen wir mit dem Ausmisten ...

DER GOLDENE ZYKLUS – WAS IST IHR WARUM?

Der „Goldene Zyklus" beruht auf dem Konzept des Autors und Speakers Simon Sinek. Er vertritt die Ansicht, dass ein Mensch, der sein „Warum" kennt, nicht nur jedes Vorhaben zu Ende bringen, sondern auch andere Menschen inspirieren und in die Aktion bewegen kann. Von dieser Theorie war ich sofort begeistert und begann, dieses Konzept auf meine Arbeit zu übertragen – und das mit großem Erfolg. Das bestärkte mich darin, weiter zu forschen und diesen Zyklus auch auf das Ausmisten zu übertragen. Wie das funktioniert? Das ist ganz einfach. Im Wesentlichen geht es darum, die Antworten auf folgende Fragen herauszufinden, indem Sie diese von außen nach innen – Wie, Was, Warum – beantworten.

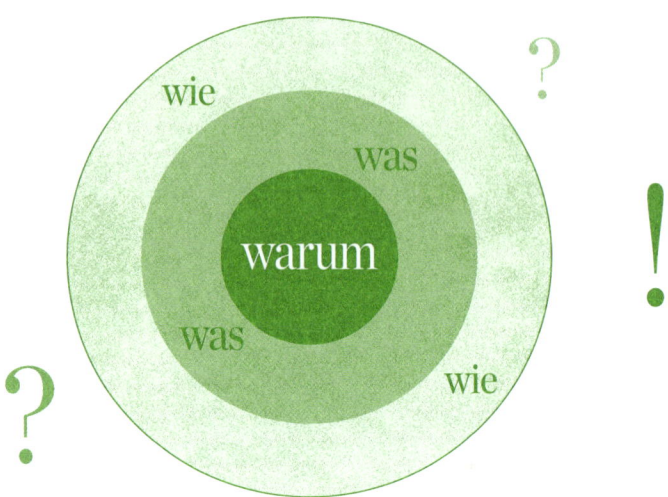

Meistens wissen Menschen, was sie tun – sie machen beispielsweise die Buchhaltung, weil Sie als Buchhalter/-in angestellt sind. Viele wissen auch genau, wie sie es tun – sie nutzen hierfür entsprechende Programme und berücksichtigen geltende Steuergesetze. So weit, so gut. Nun kommt der Knackpunkt! Denn nur die wenigsten von uns wissen, warum sie tun, was sie tun!

Warum stehe ich jeden Morgen auf, um ins Büro zu gehen und die Buchhaltung fremder Menschen und Unternehmen zu machen? Warum? Was ist meine Motivation? Sehr häufig ist die Antwort: „um Geld zu verdienen." Und die gilt leider nicht!

Wenn Sie Ihr WARUM nicht kennen, wird das Leben ein Hamsterrad – und die einzigen Lichtblicke sind das Wochenende oder der Jahresurlaub. Doch das kann es nicht gewesen sein, oder? Haben Sie sich schon einmal die Frage nach dem Sinn des Lebens gestellt? Nach dem Grund, warum Sie hier sind?

Warum stehe ich
jeden Morgen auf?

○ ....

○ ....

○ ....

○ ....

○ ....

○ ....

○ ....

○ ....

○ ....

○ ....

○ ....

○ ....

○ ....

○ ....

Ich bin davon überzeugt, dass jeder Einzelne von uns einen bestimmten Grund hat, warum er auf der Welt ist. Nikola Tesla, Albert Einstein, Christopher Kolumbus, Rudolf Diesel, Mutter Teresa ... – all diese Menschen hatten einen sehr besonderen Grund, auf der Welt zu sein. Finden Sie heraus, welchen Beitrag Sie für andere Menschen leisten.

Mein Beitrag ist, Menschen durch Feng Shui mit ihren Lebens- und Arbeitsräumen zu verbinden, damit sie in ihre Kraft kommen und Gelegenheiten in ihrem Leben schneller erkennen und ergreifen. Durch meine Vorträge, Beratungen, Artikel und Bücher inspiriere ich meine Zuhörer, Leser und Kunden, neugierig auf Ihre Lebens(t)räume zu werden.

Kennen Sie Ihr WARUM? Warum stehen Sie jeden Morgen auf? Was ist Ihr WARUM? Schreiben Sie es am besten gleich in Ihr Notizbüchlein!

Falls Sie auf diese bedeutende Frage noch keine Antwort parat haben, kein Problem. Sie werden es herausfinden, das verspreche ich Ihnen! Um die Antwort auf die Frage nach dem WARUM zu beantworten, brauchen Sie Klarheit. Und Klarheit kommt durch Ausmisten, sowohl in Ihren Räumen als auch in Ihrem Geist. Und genau das werden wir jetzt gemeinsam tun.

WAS SIE GEGEN DEN BALLAST IN IHREM LEBEN TUN KÖNNEN

Das Thema Ballast – Gerümpel und Ausmisten – begleitet mich seit vielen Jahren. Um genau zu sein, es war mein Türöffner zur Welt des Feng Shui. Dieses Thema übt deswegen eine so große Faszination auf mich aus, weil die Transformation fabelhaft ist, die Menschen erleben, sobald sie sich mit dem Ballast in ihrem Leben befassen, der sie in ihrer Weiterentwicklung einschränkt. Ein weiterer wichtiger Aspekt, warum dieses Thema in meinem Buch keinesfalls fehlen darf ist, weil Feng Shui auf Ordnung basiert. Ich möchte Sie dabei begleiten, den ganzen Ballast auszumisten, der Sie daran hindert, Ihre Lebensträume zu verwirklichen, Wohlstand zu bauen, erfolgreich zu sein oder eine/n Partner/-in zu finden.

Es gibt mehrere Ebenen, auf denen sich Ballast ansammeln kann. Die bekannteste ist das Gerümpel, das uns im physischen Sinne tatsächlich umgibt. Also all die Gegenstände in unseren Lebens- und Arbeitsräumen, die Platz einnehmen, die wir aber nicht wirklich brauchen.

Die Zweite ist digital. Die Hunderte, wenn nicht Tausende von Mails, die den virtuellen Posteingang verstopfen. Noch dazu all die Ordner auf dem Desktop und die unzähligen Dokumente. Nicht zu vergessen die Tausende von Digitalbildern, die uns dazu zwingen, den Speicherplatz auf unseren Rechnern ständig zu erweitern.

Die dritte Art von Ballast ist anders, nicht wirklich greifbar. Es sind die Gedanken, die wir in unseren Köpfen haben. All die „Ich müsste"- und „Ich sollte"-Aufgaben, all unsere Wünsche und Sehnsüchte, all die im Kopf geführten To-do- und Einkaufslisten. Dieses Gerümpel bindet unsere Aufmerksamkeit, die uns dann für das persönliche Vorankommen und die wirklich wichtigen Dinge fehlt.

AUSMISTEN – WARUM EIGENTLICH?

Der Hauptgrund, warum viele das Ausmisten teilweise jahrelang vor sich herschieben, ist, weil sie nicht wissen, wo sie anfangen, was sie ausmisten und warum sie sich überhaupt diese Arbeit machen sollen. Ich kann Ihnen auf diese Fragen auch keine allgemeingültige Antwort geben. Jeder Mensch ist unterschiedlich. Was für den einen totales Gerümpel ist, hat für den anderen einen sehr hohen ideellen Wert. Während die alten LPs (Schallplatten) für jemanden alter Kram sind, bergen sie für jemand anderen viele Erinnerungen – zum Beispiel an die rebellische Jugendzeit oder an die erste große Liebe. Und während die einen an einem Wochenende die ganzen Wohnräume auf den Kopf stellen und großzügig ausmisten, machen die anderen einen Schritt nach dem anderen.

Keine dieser Vorgehensweisen ist richtig oder falsch. Wichtig ist einzig und allein, dass Sie die Methode finden, die für Sie passt. Machen Sie einfach mit, probieren Sie alles aus und Sie werden die passende Vorgehensweise für sich selbst finden.

> Warum ist es wichtig, „weniger" zu haben? Stellen Sie sich vor, dass Sie mit allen Gegenständen, die Sie besitzen, mit dünnen roten Fäden verbunden sind. Je dichter die Fäden sind, desto unbeweglicher werden Sie.

Ein tolles Beispiel dafür ist mein ältester Kunde Markus S., der mittlerweile 81 Jahre alt ist. Er ist Ingenieur und hat sehr lange als Prüfer technischer Patente gearbeitet. Dieser Beruf brachte es mit sich, dass er viele Informationen sammeln und entsprechend aufbewahren musste. Da unser Beruf ein Teil unseres Wesens ist, setzte er das Sammeln verschiedenster Informationen in seinem Privatleben einfach fort. Vor knapp 25 Jahren ging Markus in Rente, das heißt, er hat das Zeitalter der Computer im Beruf nicht mehr miterlebt. Also sammelte er alle Informationen auf Papier – und das über viele Jahrzehnte.

Im Jahr 2012 hielt ich einen Vortrag über die wichtigsten Feng-Shui-Prinzipien, zu denen selbstverständlich auch das Thema Gerümpel und Ausmisten gehörte. Markus war damals als Zuhörer dabei. Nach dem Vortrag kam er zu mir und wollte, dass ich ihn dabei unterstütze, die Papierberge, die sich in seinem Zuhause angesammelt hatten, zu reduzieren. Ehrlich gesagt, ich konnte es kaum glauben, was ich da hörte. Da stand also ein älterer Herr mit damals knapp 79 Jahren vor mir und wollte, dass ich ihn beim Ausmisten unterstütze? Wir machten einen ersten Termin aus, um zu besprechen, wie unsere Zusammenarbeit ausschauen könnte. Bei meinem ersten Besuch in seinem Haus merkte ich, dass es ihm unangenehm war, dass so viel Papier überall herumlag. Aber ich hatte ihn extra gebeten, nichts aufzuräumen. Denn ich wollte mir ein Bild von der tatsächlichen Situation machen. Interessanterweise war das Haus sehr gepflegt und aufgeräumt, bis auf die vielen Papiere. Der Esstisch, der schon lange Zeit zum Schreibtisch umfunktioniert worden war, quellte über vor lauter Notizzetteln, Akten, Zeitschriften, Visitenkarten und Ablageboxen. Er erzählte mir, er sei einfach wissbegierig und hielte sich durch das viele Lesen geistig fit. Auf mich persönlich machte Markus einen müden und erschöpften Eindruck.

Bevor wir mit dem Ausmisten begannen, war es wichtig herauszufinden, was sein WARUM, seine Inspiration, sein Antrieb war. Warum war es für ihn wichtig, „weniger" zu haben? Markus gab mir damals diese Antwort: „Sollte ich morgen in ein Altersheim umziehen und meine wichtigsten Sachen in zwei Koffer einpacken müssen, so könnte ich jetzt weder sagen, was in diese beiden Koffer hinein soll, noch wo es sich befindet." Ein weiterer Grund für ihn, klar Schiff zu machen, waren die Besuche seiner Kinder und Enkelkinder. Er wollte es endlich erreichen, dass sie sich bei ihm wohler fühlten, wenn sie ihn besuchen, und dass sie auch länger bei ihm blieben. Die Leidenschaft, mit der er mir das erzählte, zeigte mir: Dieser Mann weiß, was er will und warum er sich diese ganze Arbeit machen möchte! Die beiden wichtigsten Antriebsfaktoren waren klar, also konnten wir mit der Arbeit beginnen. Diese bestand allerdings nicht darin, für ihn alles aufzuräumen und zu sortieren, sondern ihm einerseits zu zeigen, wie er nachhaltig ausmisten kann, ohne sich zu überfordern, und andererseits, wie er den Zufluss an Informationen und somit Papier einschränken konnte. Wir begannen damit, alle Zettel, die auf seinem Schreibtisch lagen, einzeln anzuschauen. Ich sortierte sie vor und Markus entschied dann, ob er die Information behalten wollte und, wenn ja, wohin sie abgelegt werden sollte. So bauten wir auch ein neues und für seine Bedürfnisse passendes Ablagesystem.

Wir arbeiten nun seit knapp zwei Jahren zusammen und bei Markus ist unglaublich viel passiert. Nicht nur, dass er stark ausgemistet hat, er hat auch gelernt zu unterscheiden, welche Informationen wichtig sind und aufbewahrt werden sollten und auf welche er verzichten kann. Diese Unterscheidung ist enorm wichtig, um nicht mehr solche enormen Papierberge zu produzieren – wie er sie zu Beginn unserer

Zusammenarbeit hatte. Mein Kunde hat sich in dieser Zeit auch persönlich verändert. Mit seinen 81 Jahren fühlt er sich vitaler und lebendiger – und das strahlt er auch aus. Seit letztem Jahr geht er jetzt einmal in der Woche zum Seniorentanz und zum Reiten (!). Das war schon immer sein Traum gewesen und den hatte er sich nun endlich erfüllt. Und seine Kinder besuchen ihn mit deren Familien wieder viel häufiger. Hut ab!

Die größte Veränderung kam im Frühjahr 2014. Während eines Gespräches eröffnete er mir, dass er sein Haus, welches seit knapp 20 Jahren nicht mehr neu gestrichen wurde, endlich streichen möchte. Viel-leicht können Sie sich vorstellen, was das Streichen eines ganzen Hauses im Alter von 81 Jahren bedeutet. Natürlich hatte er einen Maler, der sich um alles kümmerte, aber seine persönlichen Gegenstände musste Markus selbst aus- und später wieder einräumen. Seine Familie und ich unterstützten ihn, wo wir nur konnten, doch die meiste Arbeit erledigte er selbst. Diese Aktion dauerte mit Vor- und Nachbereitung insgesamt einen Monat. Das Ergebnis war unbeschreib-lich. Die Bücherregale hingen wieder, waren aber nur noch zur Hälfte gefüllt, nachdem wir zwei Autoladungen alter Bücher zum Wertstoffhof gefahren hatten. Die Bilder an den frisch gestrichenen Wänden wählte Markus aus der Bildersammlung, die er im Keller beherbergt hatte, mit Bedacht neu aus. Im Wohnzimmer war kein einziger Papierstapel mehr und auf seinem Schreibtisch herrschte eine neue, kreative und „gute Unordnung". Die Wände und Markus strahlten um die Wette. Er war stolz und glücklich.

Dieser alte Herr ist ein wunderbares Vorbild und Beispiel dafür, dass es wirklich niemals zu spät ist, mit dem Ausmisten zu beginnen. Und auch dafür, dass das WARUM einer der wichtigsten und stärks-ten Antriebsfaktoren ist, diesen Prozess durchzuhalten und zu Ende zu bringen (falls man beim Ausmisten überhaupt jemals von einem Ende sprechen kann).

//

UM FLIEGEN ZU KÖNNEN, MÜSSEN SIE DEN BALLAST ABGEBEN, DER SIE DAVON ABHÄLT.

Danijela Šaponjić

Warum ist es für Sie wichtig, „weniger" zu haben? Welche Antwort(en) haben Sie auf diese Frage? Notieren Sie sich Ihre Antworten bitte am besten jetzt gleich in Ihr Notizbuch! Zerbrechen Sie sich nicht den Kopf, lassen Sie es einfach fließen. Schreiben Sie alles auf, was Ihnen in den Sinn kommt.

In all den Jahren, mit vielen unterschiedlichen Kunden, habe ich festgestellt, dass es drei Hauptgründe und Motivatoren gibt, die Menschen zum Ausmisten bewegen. Eigentlich machen diese das Entrümpeln buchstäblich unabdingbar.

Durch Ausmisten ...
- schaffen Sie mehr Lebensraum,
- bekommen einen Überblick und
- gewinnen Zeit, weil Sie nicht mehr lange suchen müssen.

GEWINNEN SIE MEHR LEBENSRAUM

Räume haben eine direkte Auswirkung auf unser Wohlbefinden. Deshalb fühlen wir uns durch das Ausmisten sehr schnell leicht, klar und entspannt, auch wenn das Ausmisten viel Arbeit gewesen ist. Das hört sich im ersten Moment vielleicht zu simpel an, es ist aber exakt die Rückmeldung, die ich seit Jahren immer wieder von meinen Kunden bekomme. Indem Sie durch Ausmisten Platz in Ihren Räumen schaffen, ist es nicht mehr so „stickig", es verändern sich regelrecht die Luft und der Geruch – Sie können buchstäblich aufatmen. Sie vermindern auch den Druck, der in überfüllten Räumen entsteht, und das ist es, was Sie auch körperlich wahrnehmen. Die stagnierende Lebensenergie kommt wieder in Fluss. Ausmisten ist wie ein intensives, dauerhaftes Lüften der Lebensräume.

> Indem Sie Dinge bewegen, kommt Ihre persönliche Energie sowie die Lebensenergie in den Räumen in den Fluss. Das bringt auch Bewegung in Ihr Leben.

Indem wir ausmisten, schaffen wir in erster Linie physisch Raum. Das, was wir besitzen (oder was uns besitzt?), wird weniger. Es gibt immer mehr freie Flächen sowie Platz in den Schubladen und Schränken. Und das ist gut so. Haben Sie Mut zur Lücke! Lassen Sie Raum zur Weitereinwicklung der Einrichtung, für die Entfaltung Ihrer Persönlichkeit und damit die Entwicklung Ihres Lebens. Freiräume geben Raum für Lebensträume.

Hinter diesem Prinzip steht ein einfaches Naturgesetz: Die Natur füllt leeren Raum wieder auf. Wenn Sie beispielsweise spazieren gehen und auf dem Gehweg der Steinboden oder Asphalt aufgebrochen ist, was kommt durch diesen Schlitz raus? Meistens ein Löwenzahn. Ein anderes Beispiel für dieses Naturgesetz ist, wenn Häuser verwaisen. Innerhalb nur weniger Monate erobert die Natur das Grundstück – es schaut sehr schnell dicht verwachsen aus. Wartet man noch einige Monate länger, so beginnen die Pflanzen an den Wänden des Hauses entlangzuwachsen und verhüllen es mit der Zeit.

Der Alltag beschäftigt uns oft so sehr, dass wir manchmal gar nicht merken, wo wir gerade drinstecken. Beschäftigt zu sein bedeutet noch lange nicht, dass alles läuft. Vielmehr ist es ein Zeichen dafür, dass wir uns in einer Tretmühle befinden und durch unsere persönliche Präsenz etwas ausgleichen möchten. Was ist es, was in Ihrem Leben wieder in Bewegung geraten darf? Nehmen Sie sich einige Momente Zeit, treten Sie bewusst aus dem Alltag heraus. Kochen Sie sich einen Tee und machen Sie es sich gemütlich. Schließen Sie für einen Moment Ihre Augen und atmen Sie einfach mal tief in den Bauch ein. Einfach mal „nur" atmen. Einige Minuten lang. Nun schreiben Sie sich auf, was es ist, wovon Sie sich im Leben mehr wünschen? Mehr Partnerschaft, mehr Geld, mehr Zeit, mehr Ruhe, mehr Aufträge, mehr Freundschaften ... Was ist es? Seien Sie präzise.

Status
quo

Ihr Status quo

Lassen Sie uns an dieser Stelle eine kleine Bestandsaufnahme machen. Nehmen Sie einen Stift zur Hand und beantworten Sie auf der linken Mitmachseite folgende Fragen:

- Wo fühlen Sie, stockt Ihr Leben?
- Welcher Lebensbereich müsste eigentlich besser laufen? Die Karriere, die Partnerschaft, die Gesundheit oder die Finanzen?
- Was geht in Ihrem Leben nicht voran?
- Was nervt Sie?

Nehmen Sie sich einige Minuten Zeit und schreiben Sie alles auf, was Ihnen einfällt, ohne viel darüber nachzudenken! Lassen Sie es fließen.

S
T
O
R
Y

An dieser Stelle möchte ich Ihnen von zwei Beratungen erzählen. Die Erste zum Thema Partnerschaft, einem enorm wichtigen Lebensbereich, denn er befriedigt zwei unserer stärksten Grundbedürfnisse: Geborgenheit und Liebe.

Vor einigen Jahren wurde ich von einer Frau zur Feng-Shui-Beratung gebeten. In erster Linie wollte Sie „frischen Wind" in ihre Wohnung bringen. Also umdekorieren, Farbe an die Wände bringen und eventuell auch neue Möbel besorgen. Die Wohnung war sehr schön eingerichtet, doch auch ziemlich voll. Es gab dort keine einzige Ecke, in der nicht irgendetwas platziert war. Im Gespräch fand ich heraus, dass meine Kundin Single war und sich eine feste Partnerschaft wünschte. Sie hatte die Nase voll von kurzen Affären und Fernbeziehungen. Nach unserem Rundgang fragte ich sie, wo denn ein neuer Partner in ihrer Wohnung überhaupt Platz finden könnte. Angenommen, er stünde morgen vor der Tür, wo würde er seine Zahnbürste und einige der notwendigsten Sachen hinstellen?

Sie verstummte und Tränen schossen ihr in die Augen. In diesem Moment wurde ihr bewusst, dass sie ihr Herz für eine neue intensive

Partnerschaft noch gar nicht geöffnet hatte, denn sie hatte ihrer Trauer über den Bruch einer langjährigen Beziehung nie freien Lauf gelassen. Sie hatte sich beschäftigt und abgelenkt, was bis zu einem gewissen Punkt auch funktioniert hatte. Doch nun wollte Sie einen Schritt weitergehen, und da kam der vergessene und weggedrückte Liebeskummer wieder an die Oberfläche. Dieser Schmerz wollte gewürdigt und gesehen werden. Gemeinsam entschieden wir, dass sie sich zunächst von Altem trennen musste, um Platz für eine neue Liebe zu schaffen. Ihr Prozess des Ausmistens war für sie also auch eine Phase des Trauerns und Abschließens. Indem sie ausmistete, löste sich auch innerlich etwas auf und sie konnte sich persönlich weiterentwickeln.

Unsere Lebensräume spiegeln, was wir in uns tragen und was uns innerlich beschäftigt. Indem Sie beginnen, Ihre Lebensräume zu verändern, beginnt auch der Prozess der Veränderung in Ihnen selbst. Sie verabschieden alte Erinnerungen und Gegenstände, um Neues im Leben zu begrüßen.

Die zweite Geschichte kommt aus dem ebenfalls sehr wichtigen Lebensbereich Beruf und (finanzieller) Erfolg.

Ich beriet eine Werbeagentur, die durch – geordneten und aufgeräumten (!) – Ballast in ihrem Fortschritt blockiert war. Der Inhaber bat mich um eine Beratung, weil er sich die gegenwärtige geschäftliche Entwicklung rational nicht erklären konnte. Die Agentur hatte seit mehreren Monaten kein Neukundengeschäft mehr, was recht ungewöhnlich war. Das Altkundengeschäft lief normal, doch das würde auf Dauer für den Fortbestand der Agentur einfach nicht reichen. Bei der ersten Besichtigung fiel mir schnell auf, dass die Geschäftsräume mit Akten ziemlich vollgestopft waren. Alles war zwar feinsäuberlich aufgeräumt und geordnet, aber gnadenlos überfüllt. Ich äußerte meine Feststellung und fragte den Inhaber, wie viele Ordner die Agentur für einen neuen Kunden anlegen müsse. „Insgesamt zwischen fünf und zehn, je nach

Auftrag", antwortete er. Sichtlich erstaunt sah er mich an, als ich dieser Spur folgte und weiterfragte: „Hätten Sie denn momentan Platz, diese zehn Ordner ihres neuen Kunden unterzubringen?" Ich konnte förmlich sehen, wie ihm ein Lichtlein aufging, als er sagte: „Nein, es ist alles voll." Das war der Ansatzpunkt für meine Feng-Shui-Beratung seiner Geschäftsräume. Der erste Schritt bestand darin, wieder Raum zu schaffen, damit Neues (in seinem Fall neue Kunden) überhaupt Platz hatten und kommen konnten. Er handelte sofort, schaffte im Keller einen Archivraum und mistete gründlich aus. Nur die aktuellen Vorgänge blieben oben im Büro, alle abgeschlossenen Projekte verlegte er ins Archiv. Nachdem er diesen ersten großen Schritt gemacht hatte, spürte er eine Erleichterung und tiefe Entspannung in seinem Körper, was positive Auswirkungen auf das ganze Team und die Zusammenarbeit mit den Kunden hatte. Es dauerte nicht lange, bis das Neukundengeschäft wieder anlief.

GEWINNEN SIE MEHR ÜBERBLICK

Wer Überblick hat, hat Durchblick! Umgeben wir uns mit zu vielen Dingen, so zerstreut das unsere Aufmerksamkeit. Aus eigener Erfahrung kann ich sagen: Gibt man Kindern zu viele Spielsachen zum Spielen, fühlen Sie sich schnell überfordert, werden unruhig und die Konzentration geht verloren. Warum sollte es uns Erwachsenen anders ergehen? Unsere Kapazität an Aufmerksamkeit ist begrenzt. Umgeben uns zu viele Gegenstände, so rauben Sie uns Aufmerksamkeit und Energie. Schauen Sie sich (am besten jetzt gleich) einmal um sich herum um – zu Hause beziehungsweise im Büro. Was und vor allem wie viel umgibt Sie, was Sie ablenkt? Wie sieht es im Schlafzimmer aus? Mein Feng-Shui-Ausbilder hat immer betont, wie wichtig das Schlafzimmer für eine gute Beziehung ist. Nun, was ich oft bei meinen Beratungen erlebe, ist, dass dieser Raum für alles Mögliche zweckentfremdet wird. Zum Wäschetrocknen, Bügeln, als Bibliothek ... Oder es ist einfach ein einrichtungstechnisch vernachlässigter, kühler Raum, in dem man „nur zum Schlafen" ist. Wie soll denn da die Energie für die Liebe erhalten bleiben – geschweige denn entstehen?

Eine meiner Kundinnen hatte beispielsweise ein Schlafzimmer, in welchem nur eine Gasse zum Bett führte und auch nur eine Bettseite zugänglich war. Alles andere war überfüllt mit Büchern, vorwiegend Liebesromane. Die große Sehnsucht nach neuer Liebe war sichtbar, doch der Raum für einen Partner einfach nicht vorhanden. Nachdem unsere Räume ein Spiegel dessen sind, was ist, und sichtbar machen, was in uns vorgeht, fragte ich die Dame, ob sie ihr Herz denn wirklich für einen neuen Partner öffnen könne, oder ob sie lieber in ihrer romantischen Traumwelt und den Geschichten aus den Romanen bleiben wollte. Sie war über meine ehrliche und direkte Aussage sehr überrascht, denn sie hatte es selbst überhaupt nicht bemerkt, in was sie sich da hineinmanövriert hatte. Meine Beobachtung hat sie, positiv gesehen, aus dieser Sackgasse gelotst, wofür sie mir sehr dankbar war. Sie handelte schnell. Knapp zwei Wochen nach unserem Gespräch sendete sie mir Bilder ihres „neuen" Schlafzimmers mit der Notiz: „Das Wegräumen der Bücher war nicht schwierig, aber die Loslösung aus dieser Traumwelt der Romane war eine Herausforderung! Ich bin zurück im ‚echten' Leben. Vielen Dank!"

Kleider machen Leute!

Ein großes Thema ist auch der gerne überfüllte Kleiderschrank, der unglücklich macht und überfordert, weil man nicht weiß, was man anziehen soll. Ja, der gute alte Kleiderschrank. Egal wie viel Kleidung Sie im Kleiderschrank hängen haben, die tägliche Frage bleibt: „Was ziehe ich heute an?" Dann beginnt das Wühlen, Suchen und Kombinieren. Sie werden das passende Outfit finden, doch was Ihnen am Ende definitiv fehlen wird, ist die Zeit, die Sie in die Auswahl investiert haben. Kennen Sie das? Vermutlich fragen Sie sich schon länger, was Sie dagegen tun können. Ganz einfach: Wenden Sie das Pareto-Prinzip auf Ihren Kleiderschrank an! In 80 Prozent der Zeit tragen Sie 20 Prozent Ihrer Lieblingskleidung. Die übrigen 80 Prozent der Kleidung tragen Sie nur in 20 Prozent der Zeit. Überprüfen Sie Ihren Kleiderschrank einmal nach diesen Aspekten – und geben Sie, wenn Sie möchten, getrost alles weg, was nicht zu Ihrer Lieblingskleidung zählt. In Kapitel 4 werde ich Ihnen noch einige weitere Techniken zeigen, wie Sie beim Ausmisten effektiv vorgehen können.

 Zu viele Dinge in unseren Lebens- und Arbeitsräumen binden und zerstreuen unsere Aufmerksamkeit, was uns Energie kostet. Ballast hindert uns daran, den Überblick über unser Leben und unsere wichtigsten Lebensbereiche zu behalten. Um Ihre Lebensträume zu verwirklichen, brauchen Sie Überblick und Energie. Wenn Ihre Räume klar sind, sind Sie selbst kraftvoll und können Ihr Leben so gestalten, wie Sie es wollen.

Folgendes Phänomen habe ich meistens in Büros und Geschäftsräumen erlebt: Computerbildschirme, die rundum mit kleinen gelben Zetteln, gespickt mit Notizen, beklebt sind. Egal wer dort arbeitet, kann nicht mit 100 Prozent seiner Aufmerksamkeit bei der Sache sein. Wie denn auch? Statt sich nur auf das zu fokussieren, was auf dem Bildschirm los ist, fliegen die Informationen auf den gelben Zetteln ins Blickfeld und lenken ab. Ganz ähnlich ist es auch mit Schreibtischen. Liegt dort zu viel herum, werden wir abgelenkt und verlieren den Überblick über das, was gegenwärtig Priorität hat. So entsteht innere Unruhe aus einer unbewussten Angst, wir könnten etwas übersehen, was wiederum zur körperlichen Verspannung und zu innerem Druck führt. Wer ausmistet und sich einen Überblick verschafft, findet auch viel leichter Lösungen und kann entsprechende Schritte einleiten, um nachhaltig etwas in die gewünschte Richtung zu verändern.

Ich möchte Sie an dieser Stelle nochmals dazu inspirieren, in Stichpunkten aufzuschreiben, in welchen Bereichen Ihres Lebens es Ihnen an Überblick fehlt. Wo haben Sie das Gefühl, im Affekt zu reagieren, statt bewusst zu agieren? Schreiben Sie alles in Ihrem Notizbuch auf, was Ihnen einfällt. Um etwas zum Positiven verändern zu können, brauchen Sie einen Überblick über Ihre momentane Situation. In diesem Kapitel geht es daher in erster Linie darum festzustellen, wie der momentane Istzustand in Ihrem Leben ist. Und in den kommenden Kapiteln machen wir uns dann gemeinsam an die Umsetzung!

GEWINNEN SIE ZEIT!

Dieser Satz kommt mir oft in den Sinn, vor allem wenn ich im Stau stecke und absehbar ist, dass ich zu einem Kundentermin zu spät kommen werde. Ich fühle geradezu, wie sich der Stress in meinem Körper ausweitet. Erst beginne ich flacher zu atmen. Mein Puls erhöht sich, mein Sichtfeld verengt sich und ich bekomme einen Tunnelblick. Manchmal habe ich dann auch das Gefühl, zwar weiterhin zu hören, was im Radio gesprochen wird, es aber nicht mehr zu verstehen. Kennen Sie das auch? Das sind die natürlichen Reaktionen unseres Körpers auf Stress. Wie geht es uns, wenn wir andauernd unter Stress stehen? Wenn für den Körper eine natürliche Reaktion auf bestimmte Situationen zum Dauerzustand wird? Dass Stress auf Dauer nicht gesund ist – weder für den Körper noch für die Seele – hat uns die Medizin bewiesen. Was aber hat das jetzt mit Ausmisten zu tun? Sehr viel! Viele Dinge zu besitzen, bedeutet, länger nach bestimmten Dinge zu suchen, wodurch viel wertvolle Zeit verloren geht. Überlegen Sie mal! Wie viel Zeit kostet uns die Suche nach dem richtigen Partner ... Manche Menschen suchen ihr liebes Leben lang nach dem Sinn der eigenen Existenz und werden doch nicht fündig.

IM STRESS IST MAN DANN, WENN MAN AN EINEM ORT SEIN MÖCHTE, ABER WOANDERS IST.

Eckhard Tolle

Während wir ohne Probleme mehr Platz schaffen oder kaufen können, geht das mit der Zeit nicht. Zeit ist begrenzt und daher unser wertvollstes Gut. Jede vergeudete Minute ist unwiederbringlich verloren. Die gute Botschaft ist: Wir können in diesen Prozess steuernd eingreifen und unsere Zeit so sinnvoll wie möglich verwenden und gestalten!

 Unsere Zeit ist wertvoll und wir sollten Sie nicht mit Suchen verschwenden! Genau hier kann Ihnen das Ausmisten helfen. Denn wenn Sie Raum geschaffen und sich einen Überblick verschafft haben, endet das ewige Suchen und das sinnvolle Gestalten Ihrer Zeit kann beginnen.

Wenn Sie das Gefühl kennen, zu wenig Zeit zu haben, ist das Ihr stärkstes WARUM, sich von Ballast zu trennen und einen Teil Ihrer wertvollen Zeit ins Ausmisten zu investieren. Denn auch die Pflege und Instandhaltung der Gegenstände, die sich in unseren Räumen befinden, erfordert Ihren Einsatz. Räume schön zu halten, ist aus Sicht des Feng Shui sehr wichtig. Der Grund hierfür ist, dass das Qi, die Lebensenergie, nur in einladende Bereiche fließt. Ist ein Raum vollgestopft, dunkel oder kühl, so wird sich dort sehr wenig beziehungsweise kein Qi befinden. Wenn Sie nicht ausmisten, so werden Sie ziemlich viel Zeit für die Pflege der Gegenstände benötigen, die Sie eigentlich gar nicht wirklich brauchen.

Die Frage, die ich Ihnen stellen möchte, ist: Können Sie sich das leisten? Wäre diese Zeit nicht anders besser, sinnvoller, produktiver investiert? In Ihre Karriere, Ihre Partnerschaft, Ihre Freundschaften, mit Ihrer Familie, den Kindern, für Entspannung ... You name it!

Was würden Sie tun, wenn Sie mehr Zeit hätten?

Schreiben Sie alles auf, was Ihnen einfällt, und denken Sie noch nicht darüber nach, wie Sie es umsetzen und ob das überhaupt möglich ist. Lassen Sie Ihrer Fantasie, Ihren Träumen und Wünschen freien Lauf.

Was würde ich tun,
wenn ich mehr Zeit hätte?

....

....

....

....

....

....

....

....

....

....

....

....

12

time for ...

Sie sind bereit, auszumisten, aber Ihr Umfeld – Ihr Partner, Ihre Familie, die Kinder, Ihr(e) Mitbewohner – sind es nicht? Lassen Sie mich Ihnen dazu eine aufschlussreiche Beratungserfahrung erzählen.

Bei einer Beratung war ich nicht nur erstaunt, vielmehr entsetzt, wie ordentlich Gerümpel verstaut werden kann. Die Familie, die mich buchte, lebte in einem recht großen Reihenhaus am Stadtrand. Als ich an der Haustür klingelte, öffnete und begrüßte mich eine Frau im besten Alter, deren Schultern hingen und in deren angespanntem Gesicht sich tiefe, mit Make-up verdeckte Augenringe abzeichneten. In ihren kleinen blauen Augen war jedoch eine gewisse Lebendigkeit zu sehen. Eine Lebendigkeit, die offensichtlich (noch) nicht ausgelebt wurde. Während unseres Gespräches und dem darauffolgenden Hausdurchgang wurde sichtbar, warum die Frau so erschöpft und „belastet" war, obwohl das nicht ihrem lebendigen und leichten Naturell entsprach. Nahezu in jedem Zimmer gab es riesengroße schwere und dunkle Vollholz-Schränke, die zum Teil sogar bis unter die Decke gingen. Sie erzählte mir, dass Ihr Mann und die Kinder schwer etwas weggeben können. Alles, was nicht mehr in Gebrauch war, wurde von ihrem Mann für den Fall der Fälle aufgehoben und die Kinder hingen auch an ihren Sachen und hoben sie als Erinnerung auf. Die Kundin war mutlos. Sie sagte mir, dass sie es aufgegeben hatte auszumisten, da der Rest der Familie sowieso nicht mitmachte. Die Pflege all dieser Erinnerungen und Gegenstände lastete auf ihren Schultern – und sie hatte die Nase voll. Es war die Wut, die sie veranlasste, sich Unterstützung zu holen. Wenn Sie von Ihrer Teilzeitstelle nach Hause kam, kümmerte sie sich für den Rest des Tages um Ihre Familie. Sie hatte kaum Zeit für sich. Ihr Leben war ein Hamsterrad geworden und meine Kundin konnte nicht mehr. Im ersten Schritt prüften wir gemeinsam, wo sie Zeit einsparen und sich selbst entlasten konnte. Da als Feng-Shui-Beraterin mein Augenmerk auf Mensch in Verbindung mit Raum liegt, versuchte ich auch hier zunächst herauszufinden, was die Kundin räumlich verändern konnte, um sich buchstäblich zu erleichtern. Dieses Haus war so belastet mit Dingen, die kein Mensch benötigte,

62

dass es kaum lebendiges Qi in den Räumen gab. Das machte sich auch dadurch bemerkbar, dass die Räume verstaubt rochen. Auch der Zustand meiner Kundin, die träge und energielos geworden war, zeigte dies ganz deutlich. Grundsätzlich war die Dame durchaus bereit, großzügig auszumisten. Sie hatte sogar in der Vergangenheit bereits mehrere Anläufe gemacht, doch sie wurde von den Kindern und Ihrem Ehemann ausgebremst, die nicht bereit waren sich von Gerümpel zu trennen.

Diese Konstellation erlebe ich im Übrigen recht oft in meinen Beratungen. Manchmal kommen Zuhörer nach Vorträgen zu mir und erzählen von ihren eigenen Erfahrungen mit dem Ausmisten. Nicht selten höre ich dann, dass Beziehungen in die Brüche gegangen sind, weil der Partner ganz gegen das Ausmisten war und immer mehr Gerümpel ansammelte. Irgendwann war der einzige Ausweg die Trennung. Lassen Sie es nicht so weit kommen! Gerümpel sollte nie die Macht über Ihr Leben haben beziehungsweise behalten.

Meiner Kundin riet ich, mit dem Ausmisten dort zu beginnen, wo es am einfachsten war. Ich empfahl ihr, erst die Bereiche aufzuräumen, über die sie selbstständig entscheiden konnte. Denn die Erfahrung hat gezeigt, dass unsere Mitmenschen neugierig werden, wenn sie sehen, wie sich Raum und Mensch durch Ausmisten verändern. Sie werden vitaler, wacher und haben mehr Energie, was natürlich sichtbar ist. Das inspiriert andere, es nachzumachen und Vorurteile gegen das Ausmisten abzulegen. Genau darauf kam es auch bei meiner Kundin an. Nachdem Sie ein Jahr lang im Rahmen des ihr Möglichen ausgemistet hatte, begann erst die Tochter, dann der Sohn damit, die alten Spielsachen und Erinnerungen auszusortieren und in Kartons zu packen. Nach weiteren Wochen standen sie dann zu dritt morgens um fünf Uhr auf dem Flohmarkt und hatten sehr viel Spaß dabei, die Sachen zu verkaufen und sogar etwas damit zu verdienen. Irgendwann schloss sich auch der Vater dieser Aktion an.

Mit dieser Kundin bin ich seit vielen Jahren verbunden und habe die Veränderung, die in ihr und in ihrem Leben passiert ist, mitverfolgen können. Sie ist viel entspannter, wirkt wie von einer Last befreit, dadurch hat sich auch ihre Gesundheit verbessert, sie ist vital und lebendig – und die Beziehung zu Ihrem Partner und den Kindern ist unbeschwerter. Das ist ein großer Gewinn, den jeder erzielen kann, der sich zum Ausmisten entschließt!

 Gewinnen Sie Ihre Freiheit zurück, indem Sie Freiraum schaffen und sich von dem ganzen Krempel lösen, der Sie daran hindert, sich frei zu bewegen, zu entfalten und in Ihrer Entwicklung vorwärtszukommen.

IHR PERSÖNLICHES WARUM!

„Warum ausmisten?" Möchten Sie mehr Platz in Ihren Räumen schaffen, um Neues im Leben zu begrüßen? Sehnen Sie sich nach mehr Überblick? Oder ist es der Mangel an Zeit, der Sie zum ausmisten inspiriert? Ich möchte Sie dafür anerkennen, dass Sie sich die Zeit nehmen, Ihre Gedanken und Impulse in Ihrem Notizbuch aufzuschreiben.

Bitte blättern Sie jetzt einmal im Buch und lesen Sie Ihre Antworten noch einmal durch. Können Sie ein Muster erkennen? Fassen Sie Ihre wichtigsten Antriebsfaktoren zusammen und formulieren Sie Ihr individuelles WARUM – wenn möglich – in wenigen Sätzen.

....

....

....

Erledigt? Herzlichen Glückwunsch! Sie sind Ihrem Ziel gerade einen großen Schritt näher gekommen!

Warum ist es wichtig, weniger zu haben?

Peter F.

Möglicherweise ist die Frage nicht so gemeint, aber ich beziehe das mal auf das Materialistische. Mancher Kram, den wir so haben, ist halt nur überflüssiger Tinnef, sodass weniger oft mehr ist, spielt hier doch auch der Ausspruch mit rein aus dem sehenswerten, wenn auch seltsamen Film „Fight Club": „Alles, was du besitzt, besitzt auch irgendwann dich."
Wenn man sich mit weniger zufrieden gibt, ist man halt schneller zufrieden. Was wir jetzt wieder zusammenfassen könnten mit: „Die Menschen sind nicht zufrieden, weil sie nicht wissen, dass sie zufrieden sind (sein könnten)."

Igor P.

Weniger beschäftigt einen auch weniger, macht vieles einfach simpel :). Jedoch „nichts" ist auch zu wenig ;)

Susanne W.

Wenn man weniger hat, muss man sich auch um weniger kümmern, weniger abstauben, sich bei weniger Dingen fragen, ob man sie wirklich braucht usw. Und wenn man Kinder hat, machen die weniger unordentlich ... :-)

Holger S.

Hoffe, das neue Buch gibt's auch als Ebook... Weniger Papierbücher => weniger Bücherregale => mehr Platz in der Wohnung ... und mehr Bäume im Wald!

Vince B.

... because, in the end, one is never sure with too much, whether one owns it – or whether it owns one.

Alexandra G.

Alles, was du hast, hat eigentlich dich.

BALLAST –
WAS IST DAS EIGENTLICH?

Was kann, soll und muss weg? Nachdem Sie nun wissen, warum Sie ausmisten möchten, ist es an der Zeit herauszufinden, WAS in die Kategorie „Gerümpel und Ballast" fällt. Denn eine allgemeingültige Definition gibt es hierfür nicht. Menschen neigen dazu, Gegenstände emotional aufzuladen, was den Prozess des Ausmistens erschwert. Was für den einen einfach nur ein Bild ist, ist für den anderen die Erinnerung an einen wunderbaren Moment. Um Ihnen die Entscheidung zu erleichtern, was weg kann, soll, muss und darf, habe ich sechs Kategorien für Sie zusammengefasst, die Sie dabei unterstützen können, Ihr persönliches Gerümpel ausfindig zu machen.

//

DAS WAHRE LEBEN BESTEHT AUS WINZIGEN VERÄNDERUNGEN.

Leo Tolstoi

Die sechs Gerümpel-Kategorien* sind:
1. Was verwenden Sie nicht?
2. Was brauchen Sie nicht?
3. Was lieben Sie nicht?
4. Was gehört Ihnen nicht? (Wenn Sie etwas beherbergen, das Ihnen nicht gehört, bringen Sie es schlicht und einfach zurück!)
5. Was ist kaputt und kann repariert werden? (Tropfende Wasserhähne, undichte Toilettenspülungen, klemmende Schubladen, schief hängende oder lockere Schranktüren, undichte Fenster ... Reparieren Sie alles, was sich richten lässt! Kugelschreiber, die auch nach dem Anhauchen (woher kommt das eigentlich?) nicht mehr schreiben, und alles, was sich nicht reparieren lässt, wandert auf den Sperrmüll!)
6. Was passt Ihnen nicht (mehr)? Oder was passt nicht mehr zu Ihnen?

* Fällt Ihnen noch etwas ein? Sie können diese Liste nach Belieben ergänzen und erweitern!

Gerümpel ist nicht gleich Müll. Das ist eine wichtige Unterscheidung. Denn Müll werfen wir weg. Das ist klar. Wer würde schon auf die Idee kommen, eine alte Müslischachtel, ein durchlöchertes Küchentuch oder eine kaputte Umverpackung aufzubewahren? Bei Gerümpel hingegen ist das längst nicht so offensichtlich. Es schleicht sich in unser Leben und unsere Lebensräume – und nimmt dort, fast wie selbstverständlich, dauerhaft Raum ein ... Bitte warten Sie nicht mehr darauf, dass die gute alte Jeans wieder passt. Glänzen Sie lieber einfach in neuer Kleidung.

WEG DAMIT!

Brauche ich diesen Gegenstand wirklich? Diese Frage sollte Ihr neuer bester Freund werden. Nicht nur beim Ausmisten, sondern schon beim Einkaufen. Wahrer Wohlstand und echter Reichtum kommen von innen. Es ist ein Strahlen, ein Selbstvertrauen, eine tiefe innere Zufriedenheit. Vertrauen Sie darauf, dass Ihre Intelligenz und Schönheit in Ihnen selbst liegen. Die Energie, die Sie für die Verwirklichung Ihrer Träume benötigen, wohnt bereits in Ihnen. Sie schlummert und wartet darauf, geweckt und gelebt zu werden. Entdecken Sie diese Kraft! Es lohnt sich. Häufig kaufen wir dann auch automatisch weniger, weil wir keinen Mangel mehr kompensieren müssen. Kaufen Sie, weil es Ihnen Spaß macht, und auch nur die Dinge, die Sie wirklich wollen. Das spart Ihnen Geld und Zeit und jede Menge Gerümpel in Ihren Lebens- und Arbeitsräumen.

Die alles entscheidende Frage „Brauche ich das wirklich?" ist eine, die Sie durch den gesamten Prozess des Ausmistens begleiten wird. Vor allem in den Momenten, wenn Ihr Verstand flüstert: „Das kannst du doch nicht weggeben!" Hier ein paar Beispiele, wo Sie ansetzen und getrost entrümpeln können ...

Küchenutensilien: Brauchen wir für jede Art von Nudeln ein eigenes Sieb und für jedes Obst einen eigenen speziellen Schäler oder Entkerner? Wenn ich an meine Großmutter zurückdenke, sie hat für alles einfach nur ein kleines, handliches Küchenmesser verwendet. Schauen Sie sich in Ihrer Küche und Ihren Küchenschränken um. Was benutzen Sie regelmäßig und was brauchen Sie wirklich?

Fehlkäufe: Shit happens! Die neue Bluse wird uns auch nicht gefallen, nachdem sie ein Jahr lang inklusive Preisschild im Schrank hing. Und die neue Lampe wird nie eine Bereicherung werden, nur weil wir sie uns monatelang schönreden. Ihre Kinder spielen nicht mit dem Spielzeug, das Sie ihnen mitgebracht haben? Dann weg damit!

STORY

Erst kürzlich hat mir eine Kundin erzählt, dass Sie eine nahezu neue Nähmaschine zu Hause hat, die sie nie verwendet. Diese hatte sie sich aus einer Laune heraus gekauft, als sie sich einbildete, dass Sie die Näherei zum Hobby machen wollte. Allerdings ebbte die Leidenschaft hierfür innerhalb weniger Wochen ab und die Nähmaschine verwaist seither in einer Ecke ... Zum Wegschmeißen ist sie natürlich viel zu schade. Eine mögliche Option bestand darin, die Nähmaschine beispielsweise einer gemeinnützigen, kreativen Einrichtung zu spenden oder sie weiterzuverkaufen.

Ich erlebe es manchmal, dass ich Lebensmittel, bei denen ich dachte, sie würden meiner Familie schmecken, die aber in Wahrheit keiner isst, so lange stehen lasse, bis das Haltbarkeitsdatum abgelaufen ist, damit ich einen Grund habe, diese wegzuschmeißen. Jetzt habe ich herausgefunden, dass meine Nachbarin bei „Der Tafel" arbeitet, und

gebe ihr diese Lebensmittel einfach mit. Es erleichtert mich, sie nicht
aufzubewahren und gleichzeitig zu wissen, dass mein Fehlkauf jemand
anderem hilft.

Spielsachen: Nahezu jede Familie mit Kindern hat mit dem Thema Spielsachen eine ganz besondere Herausforderung. Nicht nur die
Kinder selbst schleppen einiges an, auch die Verwandtschaft, die Freunde und nicht zuletzt wir Eltern. Haben Sie es auch schon einmal erlebt,
dass sie aus eigener Begeisterung ein Spielzeug gekauft haben, das bei
Ihrem Kind gar nicht gut ankam? Ein klassischer Fehlkauf, der unbenutzt
im Kinderzimmer rumliegt. Die Kinder haben meistens eher zu viel. Also
fliegt entweder für jedes Neue ein Altes raus oder es ist Schluss mit neu-
en Spielsachen! Sollten Sie die Spielsachen wirklich loswerden wollen,
empfehle ich Kinderflohmärkte. Sie machen Ihnen Spaß und die Spielsachen machen andere Kinder glücklich. Eine andere Möglichkeit wäre
es, die Spielsachen an Kinderhäuser zu spenden.

Alte Zeitungen und Zeitschriften: „Nichts ist älter als die heutige
Zeitung." Kennen Sie dieses Sprichwort? Meistens ist kaum Zeit, das
alles wirklich zu lesen. Und inzwischen gibt es sowieso alles digital. Brauchen Sie also tatsächlich die alten Papierausgaben? Jetzt wäre ein guter Zeitpunkt, Zeitschriftenabos zu kündigen und richtig wichtige Artikel
einfach einzuscannen (nur, wenn Sie diese wirklich noch benötigen!!!) ...

Dinge, die wir doppelt besitzen: Haben Sie Doppelgänger
zu Hause oder im Büro? Ich rede hier nicht von Ersatzbatterien oder
Glühlampen. Sondern zum Beispiel von einem zweiten Telefon, welches
Sie als Ersatz im Keller lagern, falls das, welches Sie sonst benutzen, einmal kaputt gehen sollte. Wäre es so schlimm, einen Tag nicht erreichbar
zu sein? Raus mit den Doppelgängern!

Büroutensilien: Das ist mir ein besonders großes Anliegen. Denn
ich bin immer wieder erstaunt, wie viel hier gehamstert wird! Post-it-

Blöcke in allen möglichen Größen und Farben, Stifte, Klarsichthüllen, Briefumschläge, Notizblöcke, Büroklammern ... Stellen Sie sich die Frage: Brauche ich das ALLES wirklich auf Vorrat in meinem Büro? Falls ja, überlegen Sie sich, ob Sie sich ein praktisches separates Vorratslager einrichten können, zum Beispiel im Keller oder in einem Schrank im Flur?

Die Liste könnte ich noch lange fortführen ... Hier noch ein paar letzte weitere Beispiele für Dinge, die Sie vielleicht aufbewahren, aber nicht aufbewahren müssten ...

- Einzelne Artikel aus Zeitungen, die Sie so interessant fanden.
- Paketkartons, die Sie aufbewahren, für den Fall der Fälle, wenn Sie in Zukunft ein Paket verschicken möchten.
- Geschenke, die Sie jemand anderem zuliebe aufheben.
- Urlaubsmitbringsel.
- Dinge, die Sie aus Pflichtgefühl behalten.

Zu Letzterem habe ich wieder eine Geschichte für Sie. Bei einer Beratung erlebte ich nämlich einmal einen ganz extremen Fall von Pflichtbewusstsein. Ich arbeitete an einer Beratung für eine Steuerkanzlei in München. Die Inhaber wollten mit der passenden Farbe frischen Wind in die Büroräume bringen. Die Inhaberin erzählte mir von Ihren Vorstellungen und Änderungswünschen. Als wir dann zum Flur kamen, entdeckte ich dort ein großes Bild. Es war eines dieser alten Ölbilder, eingefasst in einen wuchtigen goldenen Rahmen, und zeigte eine herbstliche Jagdszene im Wald. Das Bild war so „mächtig", dass es mich fast im Vorbeigehen erschlug. Aus Feng-Shui-Sicht eine Katastrophe, ein „Energiefresser", der unbedingt hier weg musste. Bevor ich jedoch so eine resolute Maßnahme aussprechen konnte, wollte ich überprüfen, welche Beziehung zu diesem Bild bestand. Ich war erstaunt zu erfahren, dass dieses Bild aus reinem Pflichtbewusstsein an der Wand hing. Es stammte von einer langjährigen Mandantin und sollte hängen bleiben, solange die Mandantin von der Kanzlei betreut wurde. Es bestand Hoffnung

70

und es gab einen Lichtblick: Diese Mandantin stand kurz vor dem Ruhestand, würde sich bald aus dem Geschäftsleben zurückziehen und bald keinen Steuerberater mehr brauchen.

Wahnsinn, was wir uns aus „Pflichtbewusstsein" antun. Dieses Bild war ein Ballast. Nicht nur, weil es die Energie des Büros ungünstig beeinflusste, sondern auch, weil sich meine Kundin jedes Mal beim Vorbeigehen fragte, wann sie ihre Mandantin in den Ruhestand verabschieden und dieses Bild endlich abhängen durfte. Ist diese Rücksicht die Energie wert?

Sie müssen jetzt nicht rücksichtslos Geschenke wegschmeißen, nein. Überlegen Sie einfach, was Sie lieben und behalten wollen – und wie Sie mit den anderen Dingen jemand anderem eine echte Freude machen können. Scannen Sie Ihre Wohnung, Ihre Räume und Ihre Schränke (besonders Ihren Kleiderschrank!) nach dem Motto: „Was nicht passt, wird passend gemacht – oder muss gehen!" Wenn Sie sich unsicher sind, laden Sie Ihre Freundinnen (zum Beispiel zur Modenschau?) ein. Sorgen Sie für gute Musik und Spaß. Gemeinsam finden Sie Lösungen, neue Kombinationen, vielleicht haben Sie etwas, was eine Ihrer Freundinnen dringend braucht, oder Sie tauschen oder peppen Ihre Kleidung auf. Ausmisten muss keineswegs schwer und langweilig sein!

Möchten Sie im Leben weiterkommen, ändern aber nichts an Ihrem Umfeld und Ihrer Umgebung, so wird der Weg der Veränderung steiler und anstrengender. Nutzen Sie also Ihre Räume, denn diese können Sie dabei unterstützen, wichtige Schritte und Veränderungen zu wagen.

Manchmal kann es sein, dass „Ausmisten" nicht mehr weiterhilft. Denn es kann passieren, dass ganze Wohnungen oder Häuser einfach nicht mehr passen. Weil die Menschen, die in ihnen leben, sich persönlich weiterentwickelt, eine Wende oder einen entscheidenden Einschnitt im

Leben erlebt haben. Die eigenen Lebensräume können unpassend werden. Dann hilft nur noch ein Umzug! Es ist eine Herausforderung, sich in solch einem Fall zu trauen und den Mut zu haben, entsprechend größere Veränderungen vorzunehmen.

Schauen Sie sich jetzt um! Sind Ihre Lebens- und Arbeitsräume ein Spiegelbild dessen, wer Sie heute sind? Nehmen Sie sich wieder Ihr Notizbuch zur Hand und schreiben Sie auf, was Sie sich für Ihre Wohn- und Arbeitsräume wünschen würden. Farbe, Ordnung, Klarheit, Schönheit, Pflanzen, Wärme, Einheit der Einrichtung, insgesamt weniger Dinge, mehr Licht ... Lassen Sie es fließen und Ihren Ideen freien Lauf!

EXKURS: VERGESSEN SIE NICHT DAS VIRTUELLE GERÜMPEL!!!

Last but not least möchte ich noch etwas zum virtuellen Gerümpel schreiben. Denn es ist eindeutig auf dem Vormarsch! Während früher Fotoalben unsere Regale füllten, sind unsere Fotos inzwischen auf zahllosen USB-Sticks und externen Festplatten gespeichert. Viele Dateien werden zur Sicherheit doppelt und dreifach abgesichert. Virtuelles Gerümpel können Sie nicht täglich sehen und auch nicht anfassen. Vielleicht sparen Sie sich dadurch ein großes physisches Ablagesystem, einiges an Papier, jede Menge Ordner und Büroschränke, doch auch virtuelles Gerümpel bindet, braucht Platz, Zeit, Aufmerksamkeit und letztendlich auch Geld.

Nehmen wir einfach einmal Ihr E-Mail-Postfach. Schauen Sie einmal rein. Wie viele Mails haben Sie in Ihrem Posteingang? 500, 1.000 oder gar mehr? Wie viele sind es im Postausgang? Wenn erst einmal so viele Mails angesammelt sind, traut man sich erst gar nicht an die Sortierung. Denn wo beginnt man? Wie oft löschen Sie die Mails aus dem Papierkorb? Ich möchte Ihnen diese Entscheidung erleichtern und habe einen 5-Schritte-Plan für Sie entwickelt:

1. Bevor Sie mit der Sortierung beginnen, vermindern Sie den Zufluss an neuen Mails. Am einfachsten ist es, sie bestellen alle
Newsletter ab, die Sie gar nicht interessieren oder lesen. Ich habe
auf diese Weise knapp 15 Mails pro Tag weniger. Hört sich nicht
viel an, aber rechnen Sie das einmal hoch. Das sind pro Woche
105 Mails, pro Monat 420 Mails, im Jahr über 5.000!
2. Löschen Sie alle Mails, die älter sind als ein Jahr. Sowohl im
Postein-, als auch im Postausgang.
3. Schreiben Sie weniger Mails! Wenn Sie die von Ihnen ausgehen-
de Mailmenge reduzieren, vermindern Sie auch den Posteingang!
Überlegen Sie sich vor jeder Mail gut, ob sie wirklich notwendig
ist. Sie können z.B. mehrere kleine Mails in eine zusammenfassen.
4. Löschen Sie Mails, die nur eine kurze Info oder keine Info bein-
halten, sofort nach dem Lesen. Aus „Das mache ich später" wird
meistens „nie"!
5. Empfangen Sie Ihre Mails auf einem, maximal zwei Geräten!

Ausmisten ist die wichtigste Grundlage auf dem Weg zum Erfolg. Sie
werden sich freier, ruhiger und ausgeglichener fühlen, und die in den
kommenden Kapiteln vorgestellten Feng-Shui-Maßnahmen können ihre
Wirkung nachhaltig entfalten. Wenn Sie sich jetzt dazu entscheiden, aktiv zu handeln, steht der Verwirklichung Ihrer Lebensträume nichts mehr
im Wege.

AUSMISTEN: JA, ABER WIE?

Sie haben Ihr WARUM herausgefunden und notiert WAS weg soll. Jetzt
ist es an der Zeit, tatsächlich in Aktion zu treten. Wie werden Sie Ballast
einfach und schnell los? Wie und wo fangen Sie an? Ich möchte es Ihnen so leicht wie möglich machen und habe für Sie auf den folgenden
Seiten meine goldenen „Weg-damit!"-Regeln sowie meinen 8-Schrit-
te-Plan zusammengestellt.

Die goldenen „Weg-damit!"-Regeln

Regel 1: Übernehmen Sie sich nicht!

Nehmen Sie sich vor lauter Tatendrang nicht zu viel vor. Beginnen Sie klein – vielleicht mit der Krimskrams-Schublade im Flur.

Regel 2: Keep it simple!

Machen Sie keine große Sache aus dem Ausmisten. Setzen Sie sich ein maximales Zeit-Limit (zum Beispiel zehn Minuten, eine halbe oder eine ganze Stunde). Starten Sie im Badezimmer – und nutzen Sie die Zeit während Sie Zähneputzen. Schauen Sie sich im Bad um und werfen Sie alles, was sie nicht brauchen, einfach auf den Boden. Wenn Sie fertig sind mit Zähneputzen, holen Sie eine Plastiktüte, tun alles hinein und werfen es in den Müll. Erledigt! Das können Sie mit Ihren Vorratsschränken in der Küche und im Kühlschrank genauso machen. Bevor Sie Ihren Einkauf einsortieren, schauen Sie durch, was bald abläuft oder bereits weg muss.

Regel 3: Achten Sie genau darauf, was in Ihren Haushalt kommt!

Das Ausmisten hat zwei Seiten: Dinge aus Ihren Lebensräumen zu räumen und gleichzeitig den Kreislauf zu unterbrechen, der das Gerümpel in Ihre Lebensräume bringt. In beide Richtungen zu arbeiten, ist für den Prozess sehr wichtig. Überlegen Sie also, BEVOR Sie etwas kaufen, ob Sie diesen Gegenstand wirklich brauchen. Werfen Sie die Werbesendungen aus Ihrem Briefkasten gleich weg, anstatt diese erst mit in die Wohnung zu nehmen. Diese Regel hat viel mit Disziplin und neuen Gewohnheiten zu tun. Es braucht etwas Zeit, um aus alten neue Gewohnheiten zu machen. Doch bleiben Sie konsequent und trainieren Sie. Gewohnheiten zu trainieren ist, wie ins Fitnessstudio zu gehen.

Regel 4: Bleiben Sie dran!

Bleiben Sie dran an diesen kleinen Schritten, konsequent, und Sie werden großen Erfolg haben. Die ersten Schritte werden vielleicht nur Ihnen auffallen, doch wenn Sie unbeirrt mit diesen kleinen Aktionen weiter-machen, werden Sie schneller als erwartet Klarheit und Freiheit in Ihre Räume bringen. Es wird Bewegung in Ihr Leben kommen.

Ihre große Ausmist-Aktion

Zugegeben, es kann sein, dass Sie einmal von Grund auf ausmisten müssen. Im großen Stil, da die kleinen Schritte einfach zu lange dauern würden. Sollten Sie den Drang verspüren, Ihr Leben zu verändern und nicht mehr warten zu wollen, dann steht eine konzentrierte, geballte Ausmist-Aktion an. Hilfreich ist es auch hier, zu planen. Aktionismus und Tatendrang sind eine super Ausgangsposition, doch die Kunst ist es, den Tatendrang bis zum Ende aufrechtzuerhalten. Nachdem Sie dieses Kapitel durchgearbeitet haben, wissen Sie, wo Ihr Ballast hängt und was Sie ausmisten möchten. Nun bereiten Sie Ihre Aktion in folgenden Schritten vor:

Schritt 1: Termin – Wann findet die Aktion statt.
Blocken Sie sich diesen Tag und verteidigen Sie ihn mit Herzblut. Er sollte so bald wie möglich stattfinden, damit Ihr Enthusiasmus nicht ver-loren geht. Dieser Tag gilt nur dem Ausmisten. Keine Telefonate oder Treffen zwischendurch. Planen Sie open end.

Schritt 2: Besorgen Sie sich gute Tanzmusik. Dass Musik den Menschen extrem beeinflusst, ist kein Geheimnis. Sie können super schlecht ge-launt sein, kommen Sie aber in einen Raum mit guter Musik, beginnt sich etwas in Ihnen zu verändern. Die Laune dreht sich, vielleicht wippt Ihr Körper im Takt. Nutzen Sie diesen musikalischen Antriebsfaktor, er gibt dem ganzen Ausmist-Tag Spaß und Power.

Schritt 3: Sorgen Sie für Ihr leibliches Wohl. Kochen Sie etwas vor oder be-stellen Sie eine Pizza und vergessen Sie nicht die Nachspeise. Wenn Sie unterzuckern, weil Sie vor lauter TUN das Essen und Trinken vergessen, verlieren Sie zu viel wertvolle Energie. Sie werden müde und halten nicht durch, was schade wäre. Stellen Sie auf jeden Fall einen Prosecco oder Wein kalt, schließlich wollen Sie am Abend Ihren Erfolg feiern!

Schritt 4: Misten Sie in Gesellschaft besser aus als allein? Dann fragen Sie eine Freundin oder einen Freund, ob sie/er nicht Lust hätte, Ihnen Gesellschaft zu leisten und mit anzupacken. Achten Sie bei der Auswahl unbedingt darauf, dass die Person positiv ist und Ihr Vorhaben unterstützt. An diesem Tag ist Probleme wälzen verboten! Gute Laune und Spaß sind gefragt.

Schritt 5: Besorgen Sie ausreichend Kartons und Müllsäcke. Ausmisten, bedeutet, einiges wird in den Müll wandern oder zum Wertstoffhof, in die Kleiderspende, auf den Flohmarkt, zur Schneiderin ... Sortieren Sie nach den drei folgenden Kriterien/Kategorien aus:

1. Müll – hier kommt alles rein, was Sie weder spenden, verschenken noch reparieren.

2. Transferkiste – in diese Kiste kommen all die Dinge hinein, die Sie weder in den Müll schmeißen noch behalten möchten. Im Nachhinein sollten Sie die Transferkiste dann noch mal durchsehen und entscheiden, was wohin soll. Flohmarkt, Spenden, Verschenken, Unentschlossenheitskiste ...

3. Die kleine Unentschlossenheitskiste – hier landen jene Dinge, bei denen Sie noch unentschlossen sind. Manchmal fällt es schwer, sich zu entscheiden. Diese Kiste ist dafür da, wenn Ihnen eine Entscheidung, aus welchen Gründen auch immer, einfach nicht möglich ist. Der Gedanke, ich könnte es doch noch brauchen, ist so stark, dass Sie nicht loslassen können. Das ist auch okay! Etwas Spielraum braucht der Mensch. Verwenden Sie hierfür möglichst eine kleinere Kiste. Legen Sie alle Dinge hinein, bei denen Sie

jetzt keine Entscheidung treffen wollen oder können. Nachdem Sie fertig sind, räumen Sie die Kiste in den Keller oder auf den Dachboden. Dort bleibt sie dann maximal ein Jahr lang. Sollten Sie innerhalb dieses einen Jahres nichts aus der Kiste gebraucht haben, kommt sie UNGEÖFFNET auf den Sperrmüll. Öffnen Sie diese Kiste nach einem Jahr nicht mehr. Tun Sie es, finden Sie sich genau dort, wo Sie waren, als Sie diese Kiste gefüllt haben.

Schritt 6: Schließen Sie Ihre Arbeit ab. Sobald Sie fertig sind, bringen Sie die Kisten gleich ins Auto oder auf den Müll. Gibt es Kisten für den Flohmarkt, der erst in zwei Wochen stattfindet, dann haben diese einen Platz im Keller. Sorgen Sie dafür, dass die Räume, in denen Sie ausgemistet haben, schön sind. Vielleicht ist es notwendig, hier und da noch zu saugen oder Staub zu wischen. Schließen Sie den Kreis, indem Sie die Räume wieder schön machen, sodass Sie sich nicht wie auf einer unfertigen Baustelle fühlen.

Schritt 7: Erkennen Sie sich selbst an – Sie haben nicht alles geschafft, was Sie sich vorgenommen haben? Na und? Loben Sie sich für alles, was Sie geschafft haben. Richten Sie den Fokus auf Ihren Erfolg. Klopfen Sie sich auf die Schulter, schauen Sie in den Spiegel und sagen Sie: „Ich möchte mich dafür anerkennen, dass ich heute (jetzt sind Sie dran) .... geschafft/gemacht habe!" Diese Anerkennung führt mich auch gleich zum letzten Schritt ...

Schritt 8: Feiern Sie!!! Dazu muss Zeit sein. Den Wein beziehungsweise Prosecco haben Sie bereits kalt gestellt. Feiern Sie sich selbst, Ihr Durchhaltevermögen, Ihre Leistung, Ihre Entschlossenheit, Ihre Zeitinvestition, Ihre Konsequenz, Ihren Ehrgeiz ....

Sie feiern und ich sage „Prost und herzlichen Glückwunsch!". Sie haben einen der wichtigsten Schritte hin zur Verwirklichung Ihrer Lebensträume gemacht, indem Sie Raum für Ihre Lebensträume geschaffen haben.

3 / Entrümpeln im Kopf

Der erste große Schritt ist vollbracht: das Ausmisten in den Räumen. Ich erlebe es oft, dass Kunden danach berichten, sie fühlten sich viel ruhiger und ausgeglichener. Menschen werden flexibler, beweglicher, fröhlicher und leichter. Sie haben viel mehr Energie – für sich, ihre Familie, Freunde und um ihre Ziele, Wünsche, Träume und Visionen zu verwirklichen. Je klarer die Räume, desto klarer der Mensch. Gleichzeitig nutzen klare Räume nur bedingt etwas, wenn Sie im Kopf noch zu viel Gerümpel angesammelt haben. Deshalb widmen wir uns in diesem Kapitel dem Entrümpeln in Ihrem Kopf.

Der beste Ausgangspunkt ist, sich selbst die folgenden Fragen zu beatworten:

1. Wo stehe ich?
2. Was beschäftigt mich?
3. Was zieht meine Aufmerksamkeit und Energie?

KLARE RÄUME FÜHREN ZU KLAREN GEDANKEN!

Danijela Šaponjić

Indem wir diese Fragen auf den nächsten Seiten nun Schritt für Schritt durchgehen, werden Sie entdecken, welchen persönlichen Ballast Sie mit sich tragen, und ich werde Ihnen auch zeigen, wie Sie ihn loswerden.

Dieser Ballast führt dazu, dass Ihre Aufmerksamkeit gebunden ist und Sie deshalb Ihren Fokus verlieren.

1. WO STEHE ICH?

Bestimmen Sie Ihren Ausgangspunkt, damit Sie Ihre „Route" festlegen können. Sie können das mit der Navigation im Auto vergleichen. Ihr Navigationsgerät kann Ihre Route zum Ziel nur dann berechnen, wenn es Ihren aktuellen Standort bestimmen kann und Sie Ihr gewünschtes Ziel eingeben. Dann bekommen Sie die schnellste, kürzeste, dynamischste Route angezeigt – je nachdem, welche Routenkriterien Sie eingegeben haben. Ganz ähnlich funktioniert es auch, wenn Sie sich ein Ziel setzen. Natürlich könnten Sie gleich loslegen und sofort die ersten Schritte machen. Indem Sie sich aber kurz damit beschäftigen, an welchem Ausgangspunkt Sie gerade stehen und wo Sie genau starten, sorgen Sie für Klarheit am Start. So verheddern Sie sich auf dem Weg zur Verwirklichung Ihrer Lebensträume nicht in alten Glaubensmustern und stolpern.

Auf der nächsten Seite finden Sie die Möglichkeit, über Ihre wichtigsten Lebensbereiche zu reflektieren und festzustellen, wo Sie gerade stehen. Hier geht es um SIE und IHR Leben!

2. WAS BESCHÄFTIGT MICH?

Ist Ihnen wirklich bewusst, was Sie so im Kopf mit sich herumschleppen? Dass es eine Menge ist, daran besteht kein Zweifel. Denken Sie nur an all die Gedanken, die täglich von morgens bis abends in Ihrem Kopf ... herumschwirren. Geht es Ihnen manchmal auch so, dass Sie morgens noch nicht einmal die Augen aufgemacht haben, aber die ersten Gedanken drehen schon ihre Runden? Es gibt sehr viel Gerümpel im Kopf.

BERUF

PARTNERSCHAFT & FAMILIE

Wo stehe ich?

WOHNEN

FREIZEIT

 Der Verstand produziert durchschnittlich 60.000 Gedanken pro Tag. Eine unglaubliche Anzahl, nicht wahr? Umso wichtiger ist es, sich mehr Klarheit darüber zu verschaffen, welche Gedanken Sie durch das Leben tragen. Welche Ihre Vorhaben fördern und welche diese eher bremsen. Machen Sie sich bewusst, was sie wirklich tief im Herzen bewegt und was „nur" Ihren Kopf beschäftigt.

Viele von uns sind damit beschäftigt, beschäftigt zu sein. Wie ein Hamster in seinem Hamsterrad, der sich damit beschäftigt, sich im Kreis zu drehen. Und der eine oder andere ist schon so beschäftigt, dass er gar nicht mehr weiß, womit er eigentlich beschäftigt ist.

Sie sind dran! Was beschäftigt Sie?

Natürlich habe ich mich nach einer Hilfestellung für Sie umgesehen und fand diese in der Zeitschrift „emotion". Die Redaktion fragt Prominente unter der festen Rubrik Talking Heads, was ihnen durch den Kopf geht. Alles ist erlaubt, die einzige Vorlage ist der Umriss eines Kopfes. Ich fand diese Idee so klasse, dass ich sie für Sie umgewandelt und erweitert habe. Seien Sie ehrlich zu sich selbst und schreiben, zeichnen oder kleben Sie Bilder auf. Jetzt. Hierhin, auf der nächsten Seite. Denn am Anfang steht der erste Schritt und der beginnt mit einer ehrlichen Bestandsaufnahme.

Jetzt haben Sie es einmal gemacht. Herzlichen Glückwunsch. Sie haben sich mit den Gedanken beschäftigt, die Sie beschäftigt halten. Die Ihnen keine Zeit lassen, zur Ruhe zu kommen, sich mit Ihren wahren Herzenswünschen zu beschäftigen. Jetzt können Sie den Stift ansetzen und die Gedanken bewusst streichen, die Sie als belastend, überflüssig und unnötig empfinden. Lassen Sie uns genauer hinschauen, welcher Art diese Gedanken sind, woher Sie kommen und natürlich, wie sie weniger werden können!

Das geht mir
durch
den Kopf!

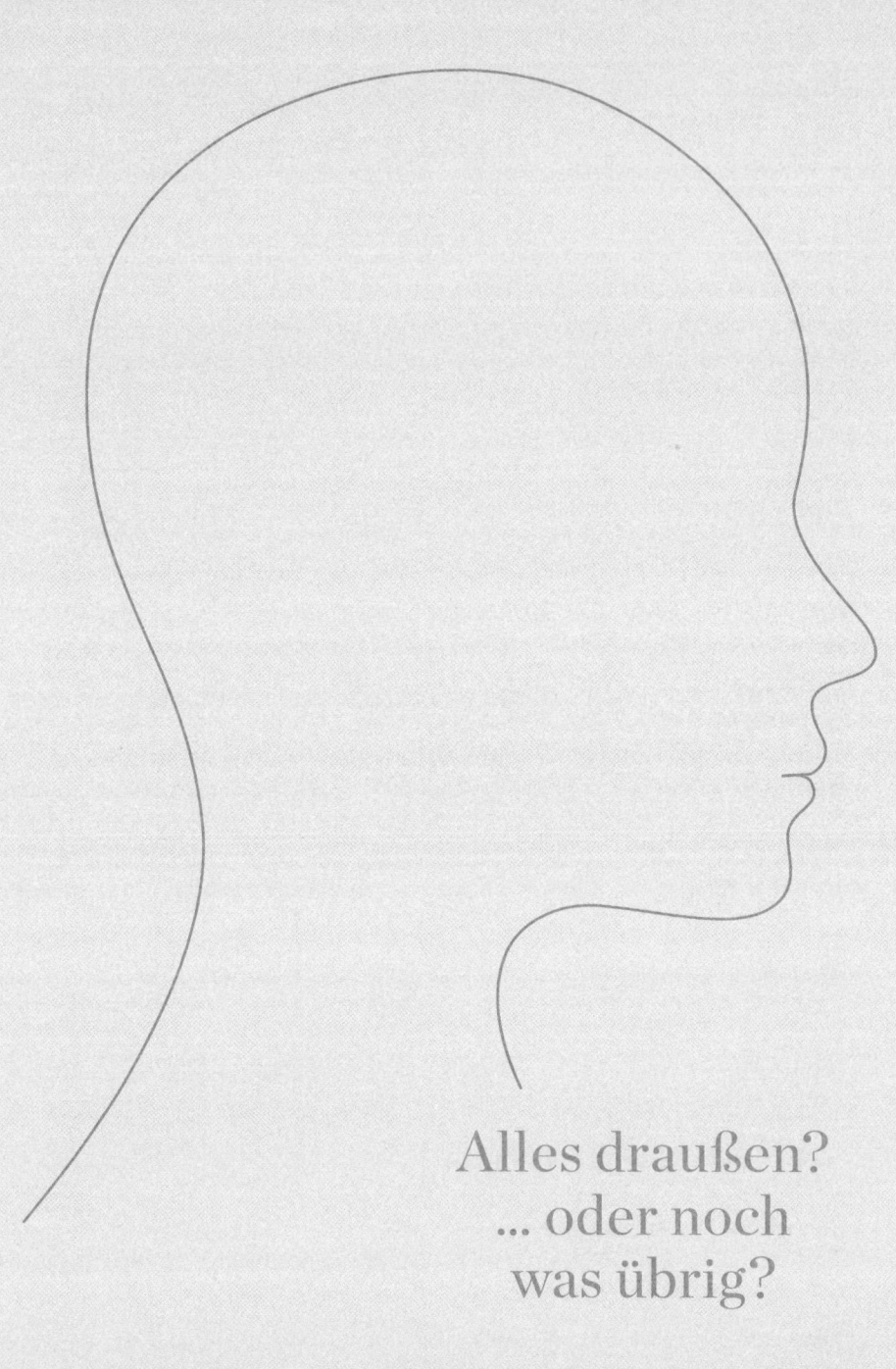

Alles draußen?
... oder noch
was übrig?

3. WAS ZIEHT MEINE ENERGIE UND VERMINDERT MEINE AUFMERKSAMKEIT?

Je mehr Energie durch Gedanken und Gegenstände gebunden ist, desto weniger Gehirn-Kapazität steht Ihnen zur Verfügung. Genau das Gleiche gilt für unsere Aufmerksamkeit. Je mehr Aufmerksamkeit durch laufende Gedanken und offene Aufgaben im Kopf gebunden ist, desto weniger davon steht uns für unseren Alltag zur Verfügung. Das wirkt sich nicht nur durch Stress aus – Stress ist ja nicht real und entsteht ausschließlich in unserem Kopf –, sondern auch auf unseren Erfolg, weil Gelegenheiten an uns unbemerkt vorbeiziehen. Zu schade eigentlich, oder?

Stellen Sie sich vor, dieser kleine Kuchen unten links repräsentiert 100 Prozent Ihrer Aufmerksamkeit … Jede Aufgabe, jedes To-do, jedes angefangene und nicht beendete Buch, jedes „Ich sollte"- und „Ich könnte"-Ziel kostet Sie einen Teil Ihrer Aufmerksamkeit. Die Ihnen zur Verfügung stehende Kapazität wird vermindert.

    Auf Ihrem Computer können Sie jederzeit nachschauen, wie es um die Speicherkapazität steht. Ist der Kreis voll, bedeutet das, dass

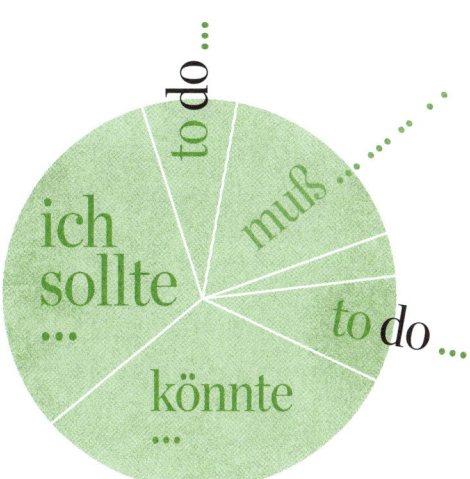

Sie erst dann wieder etwas auf die Festplatte speichern können, wenn Sie Platz machen. Leider zeigt uns unser Gehirn keine Warnung: „Speicherplatz voll!" Deshalb kommt immer mehr rein – bis wir uns im Stress, Burn-out oder in der Resignation befinden. Ich habe für Sie sechs Kategorien an Gedanken-Gerümpel definiert, die Ihnen dabei helfen werden, Ihren Ballast im Kopf zu erkennen und auszumisten.

Offene Aufgaben

Die im Kopf geführten To-do-Listen! Wer hat sie nicht? Ich habe mich auch immer gefragt, warum mein Verstand mich an diese Aufgaben zu den unmöglichsten Zeiten erinnert? Wenn ich im Auto bin, werde ich erinnert, eine Mail zu schreiben, wenn ich beim Yoga bin, präsentiert mir der Verstand alle möglichen To-dos. Am schlimmsten sind aber die Gedanken, die gleich morgens aufpoppen, noch bevor ich meine Augen aufgemacht habe. Diese nehmen mir buchstäblich meinen morgendlichen Frieden. Einen richtigen Aha-Moment hatte ich beim Lesen des Buches „Getting things done" von David Allen (Penguin Verlag, 2001). Er schreibt darin über die funktionsweise unseres Kurzzeitgedächtnisses, das nicht dazu gemacht ist, viele Aufgaben zu speichern und zu priorisieren. Dort werden einfach alle Informationen gespeichert und wiedergegeben. Das führt dazu, dass wir an verschiedene Aufgaben in Momenten erinnert werden, wenn wir diese wirklich nicht erledigen können. Das bringt uns durcheinander und kostet viel Lebensenergie. Die Lösung? Im ersten Schritt: Erst einmal alles aus dem Kopf auf Papier bringen. Nutzen Sie Ihr Notizbuch dafür und schreiben Sie darin einfach alles auf, was Sie zu erledigen haben. Tragen Sie Ihr Notizbuch – vor allem in den nächsten Tagen – IMMER mit sich. Legen Sie es nachts neben Ihr Bett. Haben Sie es schon einmal erlebt, dass Ihnen etwas Wichtiges kurz vor dem Einschlafen eingefallen ist? Dann sind Sie mit dieser Idee und dem Gedanken daran eingeschlafen, um es bloß nicht zu vergessen. Morgens, noch bevor Sie wirklich wach sind, schießt Ihnen die Frage durch den Kopf: „Welche Idee hatte ich gestern noch mal? Mist, ich weiß es nicht mehr!" Das können Sie sich sparen, indem Sie sich schnell eine kleine Notiz machen, um dann in Frieden einzuschlafen, zu schlafen und aufzuwachen. Wie gesagt, der Versand kategorisiert und priorisiert nicht, er gibt nur das wieder, was Sie ins Kurzzeitgedächtnis eingegeben haben.

Unser Gehirn ist eine leistungsfähige Suchmaschine. Wenn ich auf der Suche nach einer Lösung – beispielsweise für ein Feng-Shui-

Problem – bin, frage ich mich: „Welcher Lösungsansatz wäre hier der richtige?" So schicke ich mein Gehirn auf die Suche – die Lösung kommt, meistens, gerade dann, wenn ich nicht darauf eingestellt bin. Beim Einschlafen. Mittlerweile ist mir klar, das weiß ich aus Erfahrung: Schreibe ich mir den Gedanken nicht gleich auf, ist er verloren.

Ziel ist es, alles Psychische ins Physische zu bringen, greifbar und sichtbar zu machen, indem Sie es aufschreiben. Je mehr Sie auf Papier bringen, desto mehr werden Sie entspannen, weil auch die Angst schwindet, Sie könnten etwas vergessen.

Ein sehr berühmtes Beispiel für einen sehr großen Aufmerksamkeits- und Energiefresser ist die alljährliche Steuererklärung. Spätestens im Frühjahr speichern wir ab, jetzt müsste die Steuererklärung gemacht werden. Dieses Jahr möchte ich sie noch vor Mai abgeben, denn Ende Mai muss ich ja sowieso, da endet die erste Frist vom Finanzamt. Ständig werden wir an dieses lästige, aber notwendige To-do erinnert. Dann verstreicht der Mai, die Frist wurde vom Finanzamt automatisch auf Ende September verlängert. Bis dahin schaffen Sie es auf jeden Fall! Oder? Was, wenn nicht ... Irgendwann, gegen Ende des Jahres, landen die Unterlagen beim Finanzamt. Nachdem alles abgeschlossen ist, stellen Sie fest, dass der Aufwand gar nicht so groß war, und fragen sich, warum Sie es nicht sofort getan haben.

Entscheiden Sie zu Beginn des Jahres ganz genau, wann Sie die Steuererklärung machen möchten. Reservieren Sie sich diesen Tag im Kalender und sorgen Sie dafür, dass wirklich nichts dazwischenkommt. Ob dieser Tag im April oder im September ist, spielt keine Rolle. Hauptsache, der Termin steht und Sie entspannen.

T
I
P
P
:
:

Auf diese Weise können Sie mit allen To-dos verfahren, die Sie erst zu einem bestimmten Zeitpunkt erledigen können. Aufschreiben, Termin festlegen, entspannen beziehungsweise sich den Dingen zuwenden, die jetzt aktuell sind.

Denn indem Sie sich heute Gedanken über etwas machen, was in der Zukunft liegt, gewinnen Sie nichts. Vielmehr verlieren Sie wertvolle Zeit und hindern sich daran, jetzt in Aktion zu gehen.

Verabschieden Sie sich von Ihren Sollte-, Müsste-, Könnte- und Wollte-Zielen – sie kosten zu viel Ihrer wertvollen Aufmerksamkeit – sowie vom reinen Versuchen. Denn das Versuchen verschlingt eine Menge Zeit und Geld, aber Sie sind nicht entschlossen genug, um wirklich erfolgreich zu sein. Diesen Kopf-Ballast können Sie sehr schnell identifizieren, indem Sie sich einfach einmal beim Reden zuhören. Jedes Mal wenn Sie sagen „Ich sollte aber dieses oder jenes tun", fragen Sie sich: Will ich das wirklich? Wenn ja, wann? Datum festlegen und weiter geht es. Der Klassiker, gerade unter Frauen, ist die Aussage: „Ich sollte abnehmen!" Ach wirklich? Wer sagt das? Wollen Sie das wirklich? Wenn nein, dann streichen Sie dieses „Sollte-Ziel" von Ihrer Liste und genießen Sie das Leben. Sollten Sie wirklich abnehmen wollen, dann setzen Sie sich jetzt hin und machen Sie einen Plan. Ganz einfach, mehr ist nicht dabei.

S
T
O
R
Y

Hierzu habe ich ein Beispiel aus meinem eigenen Leben für Sie. Wie viele Sollte-Ziele sich bei mir angesammelt hatten, merkte ich kurz vor meiner Abreise nach Maui im November 2014. Da sich diese Reise recht spontan ergab und ich zwei Wochen auf der anderen Seite der Welt verbringen wollte, mussten viele Aufgaben noch vor der Abreise erledigt werden. Das war eine große Herausforderung, auch weil meine Assistentin aus gesundheitlichen Gründen kurzfristig nicht mehr an meiner Seite war. Ich begann, auch nachts lange zu arbeiten und dachte mir: „Schlafen kannst du ja auch im Flieger." Nach ungefähr einer Woche konnte ich einfach nicht mehr. Ich war übermüdet, überarbeitet und ich hatte nicht das Gefühl, dass weniger To-dos auf meiner Liste standen. Mich packte die Wut! Soll ich mich etwa jetzt total aufarbeiten und dann in Maui schlafen, anstatt diesen traumhaften Ort zu erforschen und genießen? Aus dieser Wut heraus packte ich meine Listen und begann, alles herauszustreichen, das ein „Könnte, Sollte und Müsste" enthielt. Siehe da, meine Listen halbierten sich! Licht zeigte sich am Horizont. Die erfolgreiche Erledigung meiner Aufgaben schien wieder realistisch. Das gab mir einen Schub, alles vor dem Abflug fertig zu machen. In Maui kam ich zwar erschöpft an, erholte mich aber sehr schnell und konnte diese einzigartige Landschaft in vollen Zügen einfach nur genießen ...

Diese Anekdote macht noch mal deutlich, wie wichtig das „Entrümpeln" auf allen Ebenen ist: in unserem Umfeld und in uns selbst – mental. Nur wenn wir Raum schaffen, kann Neues entstehen. Denken Sie daran: Die Natur hat ein einfaches Gesetz, sie füllt leere Räume wieder auf! Feng Shui basiert auf Ordnung, nur dann können seine kraftvollen Prinzipien nachhaltig wirken. Jeder Körper muss mit Energie versorgt werden, wir selbst und so auch unser Wohn- und Arbeitskörper. Das Qi bringt Gesundheit, Liebe und Erfolg in unser Leben.

UNSERE GRÖSSTE SCHWÄCHE LIEGT IM AUFGEBEN. DER SICHERSTE WEG ZUM ERFOLG IST IMMER, ES NOCH EINMAL ZU VERSUCHEN.

Thomas Alva Edison

Mit diesem Buch möchte ich Sie dazu inspirieren, mitzumachen und selbst dafür zu sorgen, sodass das Qi in Ihren Lebensräumen im Fluss ist und Sie ungehindert so kraftvoll wie möglich und nachhaltig Ihren Lebensträumen näherkommen.

Nehmen Sie sich einige Minuten Zeit und schreiben Sie alle „Sollte-, Könnte- und Müsste-Ziele" auf. Bleiben Sie dran und ergänzen Sie diese Liste um all die Dinge, die Ihnen noch auf- und einfallen!

Noch ein Wort zum Versuchen: Damit können wir wirklich kurzen Prozess machen! Schmeißen Sie die Aussage „Ich will es versuchen" aus Ihrem Wortschatz. Versuche gibt es nicht. Entweder Sie tun es oder Sie lassen es bleiben! Etwas dazwischen ist nicht möglich. Entscheiden Sie sich! Ja oder nein! Beginnen Sie besten gleich ...

SCHALTEN SIE IHRE ENERGIERÄUBER AUS!

Es ist nicht schwer, die Energieräuber auszuschalten – wenn Sie wissen, welche diese sind! Energieräuber können Gegenstände, Situationen und Menschen sein, die uns umgeben und über die wir uns insgeheim immer ärgern – und das oft sogar über Jahre hinweg. Dennoch fehlen uns die Power, der Mut und der Wille, etwas dagegen zu unternehmen. Ich möchte Sie jetzt dabei unterstützen, Ihre Energiefresser zu identifizieren und diese der Reihe nach auszuschalten.

Hierfür habe ich eine Checkliste mit Energieräubern erstellt, die am häufigsten vorkommen. Diese finden Sie ab Seite 92 und zum Download auf meiner Webseite www.danijela-saponjic.de. Wenn Sie diese Liste durchgehen, werden natürlich (hoffentlich) nicht alle Punkte auf Sie zutreffen, das macht nichts. Kreuzen Sie alles an, was Sie in Ihrem Leben erkennen. Selbst wenn Sie es sich nicht eingestehen möchten, wie zum Beispiel, dass Ihre beste Freundin Sie durchaus manchmal nervt oder ausnützt. Seien Sie ehrlich, diese Liste ist nur für Ihre Augen bestimmt. Auch hier gilt: Fühlen Sie sich frei, die Liste zu ergänzen, sollten Sie Energieräuber haben, die ich nicht aufgeführt habe.

Im zweiten Schritt nehmen Sie sich drei Farbstifte: Rot, Orange und Grün. Gehen Sie diese Liste einfach noch einmal durch und markieren Sie die Punkte, die Sie wütend machen, die Sie total nerven und Ihnen an die Substanz gehen, rot. Diese müssen als Erste aus Ihrem Leben verschwinden. Die rot markierten Punkte müssen nicht unbedingt große Aufgaben sein. Denn oftmals sind es gerade die kleinen Dinge im Leben, die uns zur Weißglut und die Röte ins Gesicht treiben! Beispielsweise, dass der Computer sich regelmäßig aufhängt, weil er einfach zu voll mit Daten ist, wodurch Sie viel Zeit verlieren, oder auf einen Coach aus finanziellen Gründen zu verzichten. Oder der morgendliche Nervenkitzel, ob Ihr Auto anspringt oder nicht. Kaputte Absätze (hoffentlich merkt es der Kunde nicht), zu spät kommen, der Nachbarshund, der sein Häufchen regelmäßig vor meine Garagentür setzt ...

Im dritten Schritt markieren Sie mit der Farbe Orange die Punkte, die Ihnen auf die Nerven gehen, aber nach einem kurzen Augenrollen schon wieder vergessen sind. Beispielsweise ein unordentliches Auto, ein überquellender Ablagekorb, zu viele Mails, leicht schmutziger Teppichboden ...

Alle übrigen Punkte sind grün. Deren Priorität ist niedrig, weil diese Sie nicht viel Energie kosten, aber dennoch leicht nerven ... Beispielsweise, dass Ihre Kleidung nicht 100 Prozent up to date ist oder ein Echo in der Telefonleitung ... Letzteres habe ich jedes Mal, wenn ich mit meinen Eltern telefoniere. Ist zwar nervig, aber deswegen werde ich NICHT meine Zeit in der Warteschleife des Telefonanbieters verbringen. Ich halte die Telefonate kurz und besuche meine Eltern einfach öfters.

Nun müsste Ihre Liste recht bunt ausschauen, oder? Die Farben zeigen Ihnen die Prioritäten, nach welchen Sie Ihre Energieräuber ausschalten. Diese Ausmistarbeit kann nicht innerhalb einer Woche erledigt werden. Schließlich haben sich die Energieräuber in vielen Jahren in Ihr Leben geschlichen. Nehmen Sie sich Zeit hierfür, aber bleiben Sie dran. Auch wenn es kompliziert scheint, nichts an dieser Vorgehensweise ist außergewöhnlich schwierig. Nehmen Sie sich pro Woche drei Energieräuber vor, die Sie aus Ihrem Leben eliminieren. Auch hier ist es wichtig, dass Sie sich nicht übernehmen, ansonsten geraten Sie in Stress, verlieren die Motivation und halten nicht lange durch. Leichtigkeit und Spaß sollten als Antriebsfaktoren immer dabei sein!

 Je mehr Energieräuber Sie eliminieren, desto leichter werden Sie vorankommen und desto besser werden Sie sich insgesamt fühlen. Das Leben ist nicht mehr schwer oder voller Probleme, sondern besteht aus Chancen und Lösungen. Es darf leicht sein und Spaß machen. Es wird Sie überraschen, wie lebensfroh, vital und energiegeladen Sie sein werden.

Checkliste
der Energieräuber

- ○ Die Batterie meines Handys muss ständig geladen werden.
- ○ Eine so vollgestopfte Garage/Keller/Speicher, dass ich mich kaum darin bewegen kann.
- ○ Ein übervoller Aktenschrank.
- ○ Eine surrende Telefonleitung, die ständig Hintergrundgeräusche macht.
- ○ Ein Kundenloch und die Tatsache, dass ich auf Kunden WARTE.
- ○ Ich habe keine(n) Assistenten, der/die mir hilft/helfen, meine Büroarbeiten zu erledigen.
- ○ Eine Webseite, die nicht zeigt, wer ich wirklich bin.
- ○ Fehlende Blumen vor dem Haus oder auf dem Balkon.
- ○ Möbel, die ich geerbt habe und hasse, aber trotzdem aus Pflichtgefühl aufgestellt habe.
- ○ Ein Garten, der absolut nicht einladend ist und unbedingt neu bepflanzt werden muss.
- ○ Die Tatsache, dass ich es nicht schaffe, mindestens zweimal die Woche Sport zu machen.
- ○ Die Nachbarkatze, die in meinen Hof macht.
- ○ Die Tatsache, dass ich seit Jahren nicht genug Geld verdiene, um mir das zu leisten, was ich möchte.
- ○ Dass ich mich daran gewöhnt habe, nicht genug Schlaf zu bekommen.
- ○ Der Holzboden, der neu versiegelt werden muss.
- ○ Die kaputte Sonnenblende im Auto.
- ○ Ich halte immer noch an Aktien- und Wertpapieren fest, durch die ich viel Geld verloren habe.

○ Die Delle in meiner Autotür.
○ Mehltau an meinen Rosen.
○ Schuppen auf meiner Kopfhaut – und auch sonst überall!
○ Mir fehlt Platz im (Kleider-)Schrank.
○ Ich schaue zu viel fern.
○ Mir fehlt ein regelmäßiges und gleichmäßiges Einkommen.
○ Verkaufsanrufe in den Morgen- oder Abendstunden.
○ Der Stapel an ungelesenen Zeitschriften,
   der immer größer wird.
○ Immer weniger Zeit, meine Zeitschriften zu lesen.
○ Kunden, die regelmäßig Termine kurzfristig verschieben
   oder absagen.
○ Viel zu viele E-Mails.
○ Mein Übergewicht.
○ Die Pfanne, in der alles anklebt.
○ Meine fehlende Selbstdisziplin.
○ Der verschmutzte Teppichboden.
○ Das viele Gerümpel in unserem Haus.
○ Regale, die darauf warten, aufgebaut und montiert
   zu werden und meinen Keller blockieren.
○ Neue Lampen, die angebracht werden sollten und in
   der Abstellkammer liegen.
○ Die Schranktür, die schief hängt.
○ Eine klemmende Schublade.
○ Nicht regelmäßig tanzen zu gehen.
○ Ich habe meine Schuhe noch nicht ersetzt, obwohl sie
   abgetragen sind.
○ Das Auto muss dringend entrümpelt und gewaschen werden.
○ Mein Schlafzimmer hat keine Nachttischlampe.
○ Ich bilde keine Einkommensrücklagen.
○ Ich dulde die alljährliche Invasion von Ameisen und
   Fliegen im Sommer.
○ Staub im Bücherregal.

○ Der Krempel auf meinem Tisch, den ich nicht wegwerfen kann,
  aber auch nicht weiß, wozu ich ihn habe.
○ Nicht genug Gelegenheiten, um von Herzen lauthals zu lachen.
○ Das Gefühl, keine Zeit für die scheinbar nutzlosen Dinge zu haben,
  die einfach nur Spaß machen.
○ Als Hüter der Familienandenken und Antiquitäten
  auserkoren zu sein.
○ Rückenschmerzen zu haben durch das ständige Sitzen auf
  einem nicht ergonomischen Stuhl.
○ So viele Talente und Interessen zu haben, dass ich ständig
  in mehrere Richtungen gezogen werde.
○ Die Tatsache, dass ich immer noch nicht weiß, wo und wie ich
  meine Talente und Fähigkeiten einsetzen soll.
○ Auf einen Coach zu verzichten, weil ich mir keinen leisten kann.
○ Acht Stunden pro Tag hinter dem Bildschirm oder in einem Raum
  ohne Fenster zu verbringen.
○ Zu viele Bücher, die ich gleichzeitig zu lesen versuche.
○ Ich plane nicht genug Zeit zum Träumen ein.
○ Ich verbringe zu wenig Zeit im Garten.
○ Ich plane nicht genug Zeit zum Meditieren ein.
○ Ein verkalkter Duschkopf.
○ Ich esse zu viel Zucker.
○ Mein Auto kostet mich zu viel Geld an Reparaturen.
○ Ich bin unglücklich mit meinen Lebensräumen.
○ Ich verbringe zu viel Zeit mit Menschen, die mir nicht gut tun.

Diese Checkliste erhebt keinen Anspruch auf Vollständigkeit.
Bitte ergänzen Sie sie nach Belieben!

○ ....

○ ....

WAS LASSE ICH IN MEIN(E) LEBEN(SRÄUME)?

Diese Frage sollten Sie sich unbedingt stellen, bevor Sie wieder auf allen Ebenen Ballast ansammeln und mit dem Ausmisten von vorne anfangen müssen. Was wichtig im Leben ist, kann ich Ihnen nicht sagen. Aber vielleicht gibt Ihnen folgende Geschichte des amerikanischen Bestsellerautors Stephen R. Covey ein paar Anregungen ...

S
T
O
R
Y

Ein Philosophie-Professor stand vor seinen Studenten und hatte verschiedene Dinge vor sich liegen. Als der Unterricht begann, nahm er ein großes leeres Einmachglas und füllte es bis zum Rand mit großen Steinen. Anschließend fragte er seine Studenten, ob das Glas voll sei. Sie stimmten ihm zu.

Der Professor nahm nun eine Schachtel mit Kieselsteinen, kippte sie in das Glas und schüttelte dieses. Die Kieselsteine rollten dadurch in die Zwischenräume der größeren Steine. Dann fragte er seine Studenten erneut, ob das Glas jetzt voll sei. Diese stimmten wiederum zu und lachten.

Der Professor ergriff daraufhin eine Schachtel mit Sand und schüttete diesen in das Glas. Dabei füllte der Sand die letzten verbliebenen Zwischenräume im Glas aus.

„Nun", wandte sich der Professor seinen Studenten zu, „ich möchte, dass Sie erkennen, dass dieses Glas wie Ihr Leben ist! Die großen Steine sind die wichtigen Dinge in Ihrem Leben – Ihre Familie, Ihr Partner, Ihre Gesundheit, Ihre Kinder, also Dinge, die – auch wenn alles andere wegfiele und nur sie übrig blieben – Ihr Leben immer noch erfüllen würden. Die Kieselsteine sind andere, weniger wichtige Dinge wie zum Beispiel die Arbeit, die Wohnung, das Haus oder das Auto. Der Sand symbolisiert den Luxus, das Ausgehen, die Partys, die zwanzig Handtaschen und hundert Paar Schuhe, das Ferienhaus auf Sylt. Die Dinge eben, ohne die Sie von heute auf morgen ohne Probleme weiterleben könnten. Wenn Sie den Sand zuerst in das Glas füllen, bleibt kein Raum für die Kieselsteine oder die großen Steine, für die wirklich wichtigen

Dinge im Leben, die Sie halten, die Ihnen den Halt geben. (Nach Stephen R. Covey: Der Weg zum Wesentlichen. Campus Verlag, 1997).

So ist es auch in Ihrem Leben: Wenn zu viele unwichtige Dinge Ihr Leben füllen, werden Ihnen Kraft und Zeit fehlen, um sich auf die für Sie wichtigen Dinge im Leben zu fokussieren. Nehmen Sie sich Zeit für Ihre Familie, Ihre Gesundheit, Ihre Lebensträume. Achten Sie zuerst auf die großen Steine, denn diese sind es, die wirklich zählen! Der Rest ist Sand.

Der ehemalige CEO von Coca-Cola ging mit seiner 30-Sekunden-Rede über die wahren Werte in die Geschichte ein.

„Imagine life as a game in which you are juggling some five balls in the air. They are WORK, FAMILY, HEALTH, FRIENDS and SPIRIT and you're keeping all these in the air. You will soon understand that WORK is a rubber ball. If you drop it, it will bounce back. But the other four Balls – FAMILY, HEALTH, FRIENDS and SPIRIT – are made of glass. If you drop one of these, they will be irrevocably scuffed, marked, nicked, damaged or even shattered. They will NEVER be the same, you must understand that and strive for it." Work efficiently during office hours and leave on time. Give the required time to your family, friends and have proper rest.

„Value has a value only if is value is valued." Brian G. Dyson

4

4 / Das Qi im Feng Shui und Ihr Wohlstand

Im Feng Shui geht es um die Räume und um die Menschen, die diese Räume bewohnen. Wenn Sie das Potenzial Ihrer Räume nutzen möchten, müssen Sie sich mit Ihnen verbinden. Feng Shui verbindet Sie mit Ihren Räumen, indem diese individuell auf Sie abgestimmt werden. Diese Verbindung jedoch muss von Ihnen ausgehen. Ihre Räume sind weder gut noch schlecht. Sie sind einfach da. Der Mensch füllt die Räume mit Energie, positiver oder negativer. Es liegt in Ihrer Hand, ob das Umfeld, in dem Sie leben und arbeiten, Sie unterstützt und Ihnen Kraft gibt oder nicht. Die folgende Übung wird Ihnen dabei eine Hilfe sein.

SO VERBINDEN SIE SICH MIT IHREN LEBENSRÄUMEN

Ich möchte Sie bitten, sich etwas Zeit zu nehmen. Sorgen Sie dafür, dass Sie einige Minuten ungestört sind, machen Sie es sich gemütlich und schließen Sie Ihre Augen. Öffnen Sie Ihr Herz für Ihre Wohn- oder Arbeitsräume und verbinden Sie sich. Stellen Sie sich vor, Sie schweben durch die Räume. Lassen Sie keinen Raum und keine Ecke aus. Schauen Sie, wie fühlt sich der Raum unter dem Bett an? Wie das WC, das Bad und die Abstellkammer? Auch der Keller und der Speicher gehören zu

99

den Lebensräumen. Nehmen Sie wahr, ob es Bereiche in Ihrem Haus, in der Wohnung (oder im Büro) gibt, die sich irgendwie nicht gut anfühlen, die ungemütlich oder im Ungleichgewicht sind. Verweilen Sie an diesen Stellen und finden Sie heraus, was Sie stört. Ist es ein Kissen, ein Bild, eine Sammlung, die seit Jahren nur Staubfänger ist, Gerümpel, zu wenig Licht? Nehmen Sie auch wahr, welche Bereiche in der Wohnung richtig strahlend leuchten. Wo haben Sie Lust, länger zu verweilen?

Nachdem Sie Ihren „Flug durch die Wohnung" abgeschlossen haben, nehmen Sie einen Grundriss und schattieren die ungemütlichen Bereiche grau. Die Bereiche, die Sie als strahlend empfunden haben, markieren Sie mit Gelb. Mit dieser Übung bekommen Sie einen Überblick darüber, wo Handlungsbedarf besteht. Wenn Sie zu den Stellen gehen, die Sie im Grundriss grau schattiert haben, werden Sie feststellen, dass da wirklich etwas ist, was Sie bereits seit geraumer Zeit stört. Das sind wichtige Schritte, die Sie machen sollten, bevor Sie überhaupt daran denken, zum Beispiel Ihre Liebes- oder Reichtumsecke zu kreieren.

Ich selbst verbinde mich gerne durch Putzen mit meiner Wohnung. Vielleicht denken Sie jetzt: „Nun hat sie wirklich eine Schraube locker!" Da sind Sie nicht allein. Meine Freunde und Familie erklären mich regelmäßig für verrückt, wenn ich sage, dass ich meiner Reinigungsfrau einen freien Tag gegeben habe, um meine Wohnung selbst zu reinigen – mit Liebe und Aufmerksamkeit.
Das bedeutet nun keinesfalls, dass ich in einem meditativen Zustand mit Putzlappen durch unsere Räume schwebe. Ich sorge für gute Musik und beste Laune. Gebe einige Tropfen Rosen- oder Orangenöl in das Putzwasser und verbreite gute Energie.

QI BAUT WOHLSTAND

Feng Shui wird häufig mit Wohlstand und Erfolg in Verbindung gebracht – und das zu Recht. Der Begriff Wohlstand umfasst viel mehr als „nur" den persönlichen und geschäftlichen Erfolg. In Wohlstand zu leben bedeutet, gesund zu sein und gute Beziehungen zu haben – sowohl in der Liebe als auch mit den anderen Menschen, die Ihnen wichtig sind. Es bedeutet auch, eine Arbeit zu verrichten, an der Sie Spaß haben und mit der Sie genug Geld verdienen, um sich den Lebensstil zu leisten, den Sie wirklich wollen!

Es gibt einen Grund, warum die Geschäftsleute in Asien dem Feng Shui eine wichtige Bedeutung geben, weshalb sogar ganze Städte nach den Gesetzmäßigkeiten des Feng Shui geplant und gebaut werden.

Stellen Sie sich das Anwenden von Feng Shui wie den Bau eines Hauses vor. Nachdem Sie wissen, wo Sie Ihr Haus bauen möchten, suchen Sie einen Architekten, mit dem Sie es planen. Nach der Planung geht es in die Umsetzung. Das Erste, was die Bauarbeiter auf dem Grundstück machen, ist, sich um die Position sowie um das Fundament des Hauses zu kümmern. Denn sollte hier ein Fehler passieren, könnte das gesamte Haus später einstürzen oder unbewohnbar sein. Das Ausmisten ist das Fundament des Feng Shui, denn es bringt stagnierendes Qi zum Fließen. Erst durch den Fluss dieser Energie kann Feng Shui wirken. An erster Stelle steht also die Aufgabe, das Qi in Fluss zu bringen. Deshalb haben wir uns in den vorangehenden Kapiteln so intensiv mit dem Entrümpeln beschäftigt.

Können Sie sich an das Beispiel mit dem Brunnen auf dem Zeitungsstapel aus Kapitel 1 (Seite 36/37) erinnern? Aus dem Wunsch heraus, den Wohlstand und den Erfolg anzukurbeln, hatte die Dame sofort zum Brunnen gegriffen, sich jedoch vorher nicht durch Ausmisten das Fundament gelegt. So konnte der Brunnen seine Kraft und Energie überhaupt nicht entfalten.

 Das Qi ist die wichtigste Größe im Feng Shui, nicht umsonst bedeutet es in der Übersetzung „die Lebensenergie". Unsere Lebensräume tragen und beeinflussen unser Leben, unsere Gesundheit und

  unseren Erfolg. Stagniert die Lebensenergie in den Räumen, stagniert auch unser Leben. Das Qi bringt Vitalität, Klarheit und Gesundheit, was uns wiederum befähigt, erfolgreich zu sein, wenn wir unsere Ziele kennen und wissen, was wir wollen.

Wenn Sie einen Brunnen in Ihrem Heim im Wohlstandsbereich platzieren, dann achten Sie unbedingt darauf, dass sie ihn NIEMALS im Süden aufstellen. Denn der Süden ist dem Element FEUER zugeordnet. Das Element WASSER repräsentiert jedoch den Norden, also den entgegengesetzten Pol. Die beiden Elemente FEUER und WASSER stehen im Konflikt miteinander und sollten keineswegs in Räumen zusammengebracht werden!

QI BRINGT VITALITÄT

Das Wort Vitalität steht auch für Lebendigkeit, Lebhaftigkeit und Kraft. Interessant fand ich die folgende Definition des Wortes Vitalität im Wiktionary: „Zustand eines Körpers, der zu der Ausführung von Aktivitäten in der Lage ist."

Als Beispiel wird folgender Satz genannt: „Der Affe zeigte große Vitalität und sprang von Baum zu Baum." Sicherlich müssen Sie nicht von Baum zu Baum springen, aber vielleicht von einer Aufgabe zur anderen? Familie und Karriere unter einen Hut bekommen? Ihre Arbeit- oder Auftraggeber zufriedenstellen? Wie viele Bäume hat Ihr Leben derzeit? Wie viel Vitalität haben Sie? Fühlen Sie sich bereits morgens müde und erschöpft und können es abends kaum erwarten, wieder ins Bett zu fallen? Die Vitalität des Körpers und Ihres Geistes wird von zwei Größen beeinflusst. Einmal von dem Qi-Fluss in Ihren Lebens- und Arbeitsräumen und zum anderen davon, ob Sie das Leben leben, welches Sie wirklich leben möchten. Dieser Frage werden wir uns in Kapitel 5 ausführlich widmen.

Kommen wir wieder zurück zum Qi-Fluss in den Räumen. Qi ist nicht mit Sauerstoff gleichzusetzen. Ohne Sauerstoff können wir definitiv nicht überleben. Ohne Lebensenergie können Sie es schon, aber Sie existieren mehr, als dass Sie in Gesundheit und Wohlstand leben. Das ist so ähnlich, als ob Sie statt gutem Mineralwasser destilliertes Wasser trinken. Den Durst können Sie kurz stillen, doch Ihr Körper wird wegen der fehlenden Mineralien und Spurenelemente schnell erkranken. Übertragen auf das Qi bedeutet dies: Sind Ihre Räume „nur" mit Sauerstoff versorgt, wird Ihrem Körper auf Dauer die Lebensenergie fehlen, was sich durch Müdigkeit, Lustlosigkeit und häufige Gesundheitsprobleme bemerkbar macht.

Es gilt, darauf zu achten, dass das Qi ...

- ... sanft, gleichmäßig und vollständig die Lebensräume versorgt.
- ... so lange wie möglich in den Räumen bleibt, bevor es diese wieder verlässt.

Der Grund, warum das Qi so lange wie möglich in Ihren Räumen verweilen soll, ist, dass es die Wohlstandsenergie baut. Andererseits bedeutet das: Verlässt das Qi zu schnell die Räume, ist es für Sie eine Herausforderung, den Wohlstand im Haus und das Geld auf dem Konto zu halten.

WIE FLIESST DAS QI?

Im ersten Schritt ist es wichtig, dass es nicht stagniert. Das passiert nur dann, wenn zu viel Gerümpel die Räume füllt, aber Sie haben mithilfe der vorangehenden Kapitel mit Sicherheit viel ausgemistet, falls das notwendig war. Im Grunde zeigt uns die Natur, wie das Qi fließen soll. Ein sehr gutes Beispiel hierfür ist das Blatt eines Baumes. Dort sind die Adern, Energiebahnen, mit denen das Blatt mit Energie versorgt wird, sehr gut sichtbar.

Das Bagua und der Grundriss

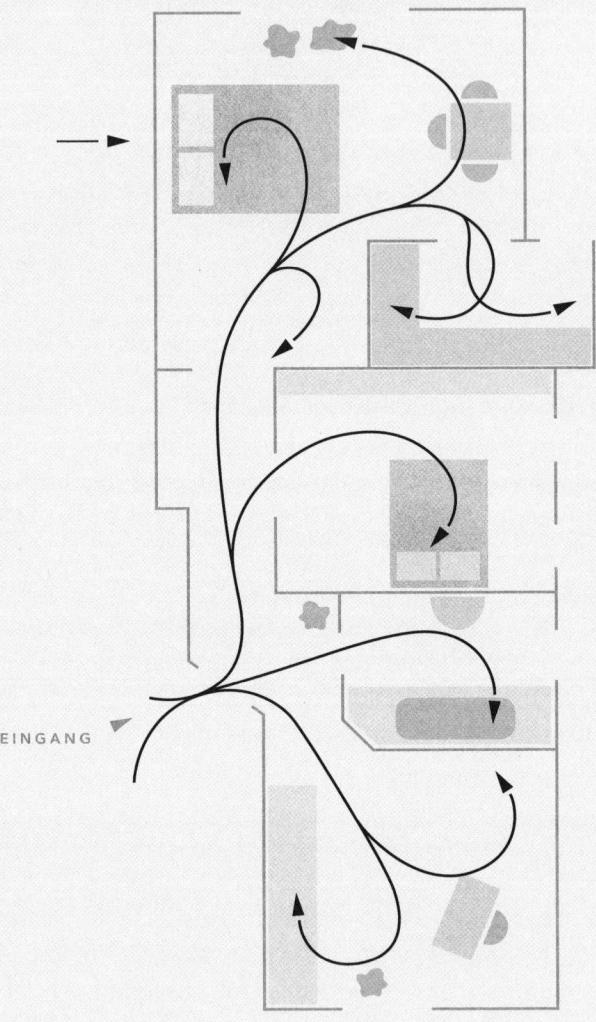

EINGANG

Das Qi wird über die Hauptschlagader
– den Flur – durch die gesamte Wohnung geführt
und in den einzelnen Räumen verteilt.

Übertragen wir diesen Energiefluss auf unsere Räume, so wäre die große Ader in der Mitte der Flur, der das Qi entlang des Flures leitet. Links und rechts gibt es Abzweigungen, also Zimmertüren, durch die das Qi in die einzelnen Räume geführt wird. Das ist das Idealbild.

Allerdings sind unsere Flure entweder klein, eng und dunkel oder es sind schmale langgezogene Schläuche, durch die das Qi regelrecht hindurchrast.

 Das Qi ist leicht und fröhlich wie ein kleines Kind. Es ist neugierig und möchte überallhin fließen. Sehr gerne aber fließt es auf dem schnellsten Weg wieder nach draußen, wenn es in den Räumen nichts gibt, was seine Aufmerksamkeit erregt. Dunkle und vollgestellte Räume meidet es komplett.

SO SORGEN SIE DAFÜR, DASS DAS QI IHRE RÄUME BETRITT

Wenn Ihre Wohn- oder Eingangstür, klemmt oder sich nicht komplett öffnen lässt, hat das einen Einfluss auf die Qi-Menge, die in Ihre Räume fließt. Wenig Qi bedeutet weniger Wohlstand und Vitalität. Geben Sie sich damit nicht zufrieden. Sollte Ihr Leben ins Stocken geraten sein, und Sie können hierfür keinen konkreten Grund erkennen, dann überprüfen Sie, ob sich Gerümpel angesammelt hat und ob die Eingangstür vollständig geöffnet werden kann. Wenn nicht, warum? Liegt es vielleicht daran, dass hinter der Tür die Jacken hängen, Schuhe, Kartons, das Bügelbrett oder der Staubsauger stehen?

Ich habe es erlebt, dass Kunden erst das Gerümpel hinter der Tür auf die Seite räumen mussten, damit sie mich in die Wohnung lassen konnten! Das größte Problem für diese Menschen war, die ständige Müdigkeit und Antriebslosigkeit, wofür sie aber keinen Grund finden konnten. Gesundheitlich haben Sie sich durchchecken lassen, Vitamin-Cocktails vom Heilpraktiker bekommen, aber all das konnte nur kurzfristig helfen. Erst nachdem ausgemistet und der Qi-Fluss in den Räumen harmonisiert wurde, konnten all die Maßnahmen der Ärzte und Heilpraktiker die volle Kraft entwickeln. Meine Kunden fühlten sich, als ob ihnen unsichtbare Fesseln, die sie viele Jahre zurückgehalten hatten, abgenommen wurden.

Vielleicht können Sie die Auswirkung dieses Problems besser nachvollziehen, wenn Sie sich vorstellen oder es tatsächlich einmal ausprobieren, beim Essen den Mund maximal zur Hälfte zu öffnen. Sie werden entweder länger nicht satt werden, weil Sie viel mehr Zeit für das Essen benötigen oder Sie werden zwar satt, aber verlieren jede Menge Zeit.

Wenn insgesamt weniger Qi in das Haus oder die Wohnung kommt, dann gibt es auch weniger Qi, das sich in den Räumen verteilt. Nehmen wir an, Sie wohnen in einem Haus und Ihr Schlafzimmer befindet sich im Ober- oder Dachgeschoss. Wie soll eine geringe Menge an Qi das gesamte Haus mit Energie versorgen? Meistens ist es dann so, dass das Ober- und Dachgeschoss mit Qi komplett unterversorgt sind und damit auch die Schlafplätze, die neben dem Arbeitsplatz eine sehr wichtige Rolle für die Vitalität und den Erfolg der Menschen spielen. Schließlich verbringen wir die meiste Zeit entweder am Arbeitsplatz oder im Bett. Diese beiden Bereiche dürfen uns keine Energie kosten und müssen optimal versorgt sein.

Sorgen Sie dafür, dass sich die Wohnungs-, Haus- und Bürotüren komplett bis zum Anschlag öffnen können. Das ist der erste Schritt zum Wohlstand. Außerdem lenken Sie das Qi durch Aktivität (zum Beispiel Haustiere, Zimmerbrunnen oder Klangspielen/Mobiles ...), mit Licht, schönen Bildern, Pflanzen, Farbe, Materialien, angenehmen Düften und Musik.

DIE ROLLE DER LEBENSRÄUME IM FENG SHUI UND IN IHREM LEBEN

Der Flur ist der Dreh- und Angelpunkt – sein Schnitt und seine Gestaltung bestimmen die Qi-Verteilung in den restlichen Räumen. Was die Luftröhre für den Menschen ist, das ist der Flur für die Wohnung. Denken Sie kurz an das Blatt auf Seite 105 zurück. Die lange „Hauptschlagader" verläuft vom Stilansatz bis zur Spitze des Blattes. Knicken wir sie ab, unterbrechen wir die Verbindung und damit den Energiestrom – alles, was hinter diesem Knick liegt, stirbt dann ab. Ein Knick – übertragen auf Ihren Flur – könnte sein, dass dieser zu sehr mit Möbeln zugestellt ist oder sehr lang und kahl ist. In beiden Fällen hat das Qi keine Chance. Entweder es kommt erst gar nicht durch oder es schießt hindurch. Befindet sich außerdem am Flur-Ende ein Fenster, dann ist der Qi-Verlust sehr hoch. All diese Aspekte führen dazu, dass die anderen Räume mit Qi unterversorgt sind.

Ich sage immer: Die Wohnung oder das Haus hat einen Magen-Darm-Virus. Das hört sich nicht so gut an und ist auch nicht gut. Weder für den Menschen noch für das Haus. Falls Sie schon einmal mit diesen Viren das Vergnügen hatten, werden Sie sich vermutlich noch erinnern können, wie schlecht und müde Sie sich gefühlt haben und wie wenig Energie Sie hatten. Der Grund: Viel mehr Energie (in Form von Nahrung) hat Ihren Körper verlassen, als Sie einnehmen konnten.

Genauso geht es Ihren Lebensräumen, wenn das Qi durch den Mund, also die Eingangstür, hereinkommt, und auf direktem Weg den Wohnkörper durch die Terrasse oder ein Fenster wieder verlässt.

So prüfen Sie den Qi-Fluss

Stellen Sie sich mit dem Rücken an die Eingangstür Ihrer Wohnung, Ihres Hauses oder Büros, mit dem Gesicht zum Flur hin. Lockern Sie Ihre Knie, schließen Sie die Augen und lassen Sie das Qi auf sich wirken. Zieht es Ihren Körper stark nach vorne, können Sie sicher sein, dass der Qi-Sog in den Flur hinein zu stark ist. Wichtig bei dieser Übung: Schalten Sie den Verstand aus und vertrauen Sie Ihren Instinkten und dem, was Sie wahrnehmen und fühlen.

Was Sie dagegen tun können? Am besten, Sie unterbrechen diesen Sog, indem Sie den Flur gestalten. Mit Bildern, mit Licht und falls es der Raum zulässt auch mit Einrichtungsgegenständen, die aber wiederrum nicht zu massiv sein dürfen. Nachdem Sie die eine oder andere Maßnahme implementiert haben, machen Sie wieder den Test. Stellen Sie sich in den Raum und fühlen Sie, wohin Sie das Qi zieht und ob der Sog nachgelassen hat. Das, was Sie empfinden, zählt und ist wichtig. Vertrauen Sie einfach Ihrem Spürsinn.

DAS WOHNZIMMER – LUNGE UND HERZ

Das Wohnzimmer ist der Raum, in dem die Familie zusammenkommt, sich austauscht, berät, Spaß hat und Zeit verbringt. Es ist ein aktiver Ort der Kraft und Inspiration. Bereits dadurch, dass all diese Aktivitäten im Wohnzimmer passieren, wird Lebensenergie in den Raum gezogen. Erinnern Sie sich? Das Qi ist neugierig und fließt gerne in lebendige und aktive Räume. Deswegen eignet sich das Wohnzimmer auch sehr gut, um eine kleine Familienecke – einen Herzpunkt – zu gestalten. Die

Familienecke ist das Herz Ihrer gemeinsamen Lebensräume, es steht für die Gesundheit und den Zusammenhalt in der Familie. Der wichtigste Bestandteil dieser Ecke ist ein gemeinsames Familienbild. Was Sie sonst noch dazustellen, bleibt ganz Ihnen überlassen. Ob noch eine Kerze, eine Engelsfigur, ein Herz aus Rosenquarz, einen Buddha oder eine Statue von Mutter Maria. Bitte achten Sie nur darauf, dass sich keine verstorbenen Familienmitglieder auf den Bildern befinden. Das sind nämlich Ihre Ahnen, die nicht auf den Herzpunkt gehören.

DIE KÜCHE – DU BIST, WAS DU ISST!

Es ist keineswegs eine Kerndisziplin des Feng Shui, eine Ernährungsberatung zu machen. Wohl aber ist es wichtig, über die Art der Essenszubereitung zu sprechen. Was ich damit meine, ist die Energie, mit welcher Sie das Essen für sich und Ihre Familie zubereiten.

Vielleicht haben Sie folgende Situation schon einmal erlebt: Bei einem Besuch in Ihrem Stammlokal bestellen Sie Ihr Lieblingsgericht und freuen sich auf den wohlbekannten Genuss. Nach einer kurzen Wartezeit bringt Ihnen der Kellner Ihr Gericht. Alles schaut aus wie immer, köstlich angerichtet und duftend. Sie können es kaum erwarten, aber gleich beim ersten Bissen spüren Sie es. Etwas ist anders. Es schmeckt anders, aber Sie könnten nicht genau sagen, was es ist. Das Gericht ist nicht versalzen oder verkocht, aber es ist einfach nicht so wie sonst. Auf Nachfrage sagt man Ihnen, das Restaurant habe den Koch gewechselt.

Was ich mit dieser kurzen Geschichte sagen möchte, ist, dass man merkt, mit welcher Energie das Essen zubereitet wird. Ist es eine lästige Pflicht? Oder kochen Sie von Herzen? Dabei kommt es nicht darauf an, was Sie kochen. Es ist ganz egal, ob Spaghetti Bolognese oder Seezungenröllchen mit feiner Gemüsefüllung. Wenn Sie nicht gerne kochen, Feng Shui wird Sie nicht zum Koch oder zur Köchin machen. Die Küche und der Herd stehen im Feng Shui für die Gesundheit der Bewohner, weil das Essen im großen Maße die Gesundheit beeinflusst. Durch die Aktivität des Kochens wird sehr viel Qi in diesen Raum gezogen. Sollten Sie zu den Personen gehören, die nicht gerne kochen, dann sorgen Sie dafür, frische Schnittblumen oder einen vollen Obstkorb in der Küche zu haben. Beides sind Symbole für Überfluss und wirken anziehend auf das Qi.

Haben Sie das Gefühl, dass dieser Raum mit Qi unterversorgt ist? Dann bringen Sie Leben hinein. Das können Sie auch tun, indem Sie eine feine, kleine Lampe so oft wie möglich anmachen. Licht ist auch etwas, was Qi anzieht. Sie können aber auch in die Verbindung mit Ihren Räumen und Ihrer Intuition gehen und Sie werden das Richtige finden.

KINDERZIMMER – ALLES IN EINEM!

Kinderzimmer sind Räume, in denen verschiedenste Aktivitäten zusammenkommen. Schlafen, Spielen und eventuell auch Lernen. Je nach Kind ist der Raum mehr oder weniger aufgeräumt. Kinder sind verschieden. Es gibt Kinder, die können mit Spielsachen weniger anfangen und spielen lieber mit anderen Menschen. Dann gibt es Kinder, die spielen sehr gerne, aber in Gesellschaft der Erwachsenen. Unser jüngster Sohn beispielsweise verbringt Stunden im Kinderzimmer und baut Lego-Raumschiffe. Ab und an ruft er „Hallo! Ist jemand da?", wenn es ihm zu leise in der Wohnung wird. Es ist wichtig zu wissen, welche Vorlieben Ihr Kind hat. Spielt es nur im Wohnzimmer, macht es kaum Sinn, alle Spielsachen im Kinderzimmer zu platzieren. Gestalten Sie das Kinderzimmer dann lieber als ruhigeren Schlaf- und Rückzugsraum. Eben so, wie es dem Kind entspricht. Spielt, schläft und lernt Ihr Kind in seinem Zimmer, dann gestalten Sie Spielbereiche, Schlaf- und Rückzugsbereiche und Lernbereiche. Diese können Sie beispielsweise durch verschiedene Bodenbeläge abgrenzen. Wobei sich der aktive Bereich zum Spielen im vorderen Teil und der Schlafbereich im hinteren Teil des Raumes befinden sollte. In der alten Lehre des Feng Shui geht es nicht darum, die Energie der Kinder im Kinderzimmer mit Symbolen zu aktivieren, sondern vielmehr darum, für das Kind einen qidurchfluteten, hellen und individuellen Raum zu gestalten. Wichtig bei diesem Prozess ist es, das Kind wenn möglich bei der Raumgestaltung immer mit einzubeziehen. Wenn auch die Wünsche dieser kleinen Menschen in unseren Augen ungewöhnlich erscheinen, vertrauen Sie auf sie. Unsere Kinder haben noch die Verbindung zur Intuition und zur inneren Führung. Bitte geben Sie der Gestaltung der Kinderzimmer eine wichtige Rolle und arbeiten Sie dabei mit Ihren Kindern eng zusammen. Es ist wie beim Kochen. Es kommt auf die Energie und Intention an, in welcher die Lebensräume der Kinder entstehen.

DIE ARBEITSRÄUME – QUELLE FÜR ERFOLG

Bisher lag unser Fokus hauptsächlich auf den Privaträumen, doch die gleichen Gesetzmäßigkeiten gelten auch für die Büroräume. Es ist sehr wichtig, diese ebenfalls so zu gestalten, dass Sie Ihnen Energie geben. Wir verbringen ungefähr die Hälfte unseres Lebens mit arbeiten. Unabhängig davon, wo unser Arbeitsplatz ist, brauchen wir Energie, Kraft und Klarheit, damit das, was wir tun, uns oder das Unternehmen, für das wir arbeiten, voranbringt. Sie werden viel verlieren, wenn Sie in der Freizeit Ihre persönliche Energie aufbauen, um diese während der Arbeitszeit aufzubrauchen.

Während eines Coachings in einem mittelständischen Unternehmen brach die Assistentin der Geschäftsführung vor Ihrem Chef in Tränen aus, als wir über dieses Thema sprachen. Sie erzählte, dass Sie sehr gerne für das Unternehmen arbeite und ihr Herzblut hineinstecke. Doch am Arbeitsplatz fühle Sie sich erschöpft und müde, was Sie unglaublich viel Energie kostet. Die Tatsache, dass das Büro teilweise als Lager genutzt wurde, dass es ein Durchgangszimmer war und der Schreibtisch sehr klein bemessen, machte ihr zu schaffen. Sie hatte die Nase voll, ihre Freizeit dafür zu nutzen, Energie zu tanken, um Sie im Büro wieder zu verlieren. So wie dieser Dame geht es vielen Mitarbeitern in großen

Unternehmen. Alles ist genormt und von Büroeinrichtern effizient durchgeplant, aber was ist mit dem Menschen, der in diesen Räumen täglich mindestens acht Stunden verbringt? Ein wichtiger Faktor, der keinesfalls vergessen werden darf. Auch wenn Sie solch ein genormtes Büro bewohnen, gibt es Möglichkeiten, die Arbeitsumgebung positiv zu verändern. Hier einige Ansatzpunkte für Sie:

1. Schaffen Sie Ordnung durch Ausmisten. Ein aufgeräumter Schreibtisch lässt Sie morgens schneller, klarer und stressfreier im Büro ankommen, als wenn Sie schon beim Hereintreten in Ihr Büro von chaotischen Papierbergen begrüßt werden. Das Büro soll aufgeräumt, aber keineswegs steril sein. Es sollte Sie zum Arbeiten einladen.

2. Gestalten Sie Ihr Büro schön und einladend. Das bedeutet nicht, dass Sie die gesamte Inneneinrichtung verändern und die Wände streichen müssen. Beginnen Sie mit einem kleinen Blumenstrauß. Natürlich können Sie auch Bilder aufhängen, sofern das möglich ist. Vielleicht einen inspirierenden Bildschirmschoner installieren? Für Ihren persönlichen Talisman oder eine Postkarte mit schönen Erinnerungen werden Sie sicherlich ein schönes Plätzchen finden. Wenn Sie den Raum betreten, sollten Sie sich willkommen fühlen und von Gegenständen umgeben sein, die Sie gerne um sich herum haben.

3. Wichtig ist, dass Sie Ihren Schreibtisch so positionieren, dass Sie keinesfalls mit dem Rücken zur Tür sitzen! Diese Position ist ein extremer Energie- und Aufmerksamkeitssauger. Da Sie nicht überblicken können, was hinter Ihnen passiert, können Sie nicht entspannen und sich zu 100 Prozent auf die Arbeit konzentrieren. Ein Teil Ihrer Aufmerksamkeit ist gebunden. Wenn möglich platzieren Sie den Schreibtisch so, dass Sie Fenster und Türe(n) im Blickwinkel haben. Falls das nicht geht, dann legen Sie Wert darauf, dass

Sie die Tür sehen, gern auch seitlich. Sollten Sie ein Fenster direkt im Rücken haben, stellen Sie eine Pflanze davor. Diese wir das Qi hinter Ihnen abfangen und zurück in den Raum leiten.

4. Sorgen Sie für gutes Licht! Die Beleuchtung im Büro sollte für Sie angenehm sein. Also nicht so hell, das Sie sich wie auf einer Bühne fühlen, aber auch nicht zu dunkel, dass Sie ermüden. Leuchtmittel mit Tageslichtspektrum könnten eine gute Alternative sein. Eine passende Beleuchtung erzeugt eine angenehme Atmosphäre und erhöht die Konzentration.

Ihr Homeoffice

Wenn wir eine Pflanze kaufen, überlegen wir uns bereits beim Kauf, wohin wir sie stellen. Sie muss ausreichend Licht haben, damit Sie gedeihen kann, es darf weder zu kalt noch zu warm sein. Am besten keine Zugluft und natürlich ist regelmäßiges Gießen wichtig. Jetzt denken Sie einmal kurz daran, wie Sie entschieden haben, als Sie den Platz für Ihr Homeoffice ausgewählt haben. Was war da Priorität für Sie? Erinnern Sie sich noch daran?

Meistens ist es so, dass das Homeoffice dort eingerichtet wird, wo Platz ist. Das kann überall sein! Ich habe mit meinen Kunden alles erlebt: Homeoffice unter der Treppe, in der Nische im Flur, im Souterrain und Keller, hinter der Tür im Schlafzimmer oder sogar im Schrank. Praktische, platzsparende Lösungen. Doch wenn Sie an Ihre Pflanze denken: Würde sie an diesen Standorten gedeihen? Glauben Sie, dass Sie und Ihr Unternehmen sich entwickeln und wachsen können an dem Ort, den Sie gewählt haben für Ihr Homeoffice? Ob Ihr Arbeitsplatz ungünstig platziert ist, merken Sie daran, wenn Sie immer nach einem Grund suchen, um aufzustehen. Wenn Sie während der Arbeit hibbelig sind und sich gerne und schnell ablenken lassen. Sollten Sie sich nach einem Arbeitstag müde und antriebslos fühlen oder es Ihnen an Inspiration und Tatendrang fehlen, dann liegt es mit großer Wahrscheinlichkeit daran, dass Sie kein klares Ziel vor Augen haben und Ihr Blick vom Schreibtisch gegen eine Wand, einen Schrank, einen überquellenden Ablagekorb oder etwas anderes Uninspirierendes geht. Das gibt Ihnen keine Energie, vielmehr schürt es Resignation.

 Ihr Arbeitsbereich sollte das widerspiegeln, was Sie in die Welt bringen möchten. Mit welchem Produkt, welcher Dienstleistung und welchem Service möchten Sie andere Menschen unterstützen? Zeigen Sie auch im Außen, was Sie tun und wer Sie sind. Hier liegt die Authentizität Ihres Unternehmens! Ein Beispiel: Sind Sie als Raumausstatter tätig, dann sollten Ihre Räume so eingerichtet sein, dass Sie diese jederzeit Ihren Kunden als Showroom präsentieren könnten.

Im Feng Shui sind alle Lebensbereiche miteinander verbunden. Das merken Sie am intensivsten, sobald Sie von zu Hause aus arbeiten, weil Sie hier noch mehr Zeit in Ihren Lebensräumen verbringen. Sollten Sie das Gefühl haben, in Ihrer beruflichen Entwicklung nicht weiterzukommen, dann betrachten Sie Ihren Arbeitsplatz unter Feng-Shui-Aspekten. Lösen Sie sich von Ballast, stellen Sie Ihren Schreibtisch so auf, dass Sie Türen und Fenster im Blickfeld haben, sorgen Sie für einen guten Qi-Fluss und zu guter Letzt prüfen Sie Ihren Ausblick. Sowohl das, was Sie vor Augen haben und wirklich sehen, als auch Ihre Vision und Ihre Ziele. Bekommen Sie Klarheit darüber, was Sie erreichen möchten. Haben Sie bereits eine Idee? Dann ist es jetzt an der Zeit, diese in Ihrem Notizbuch festzuhalten.

114

DAS SCHLAFZIMMER – OASE DER LIEBE

Das Schlafzimmer ist der Ort, an dem die Liebe und Partnerschaft gedeiht oder zerbricht. Ich habe in den letzten zehn Jahren meiner Beratertätigkeit unzählige Schlafzimmer gesehen. Dabei konnte ich zwei grobe Kategorien bilden. Einerseits waren da die Schlafräume, die angenehm gemütlich gestaltet waren. Mit mehreren dezenten Lichtquellen, schöner Bettwäsche, passenden Bildern. Die Räume waren nicht überladen, sondern erinnerten sehr an ein Nest, in welches man abends gerne reinschlüpft, um Nähe aufzubauen und sich zur Ruhe zu legen.

Die andere Kategorie bildeten Schlafräume, die sehr kühl und spärlich in der Einrichtung waren. Das Bett war mit unterschiedlicher Bettwäsche bezogen, das Bügelbrett stand aufgebaut am Fußende des Bettes und die trocknende Wäsche hing am Wäscheständer neben der Heizung. Die Beleuchtung im Raum war so kühl, wie es nur eine billige Energiesparlampe machen kann. Die Wände waren kalt weiß gestrichen und Bilder gab es auch nicht an der Wand. (Übrigens: Eine solche Zimmergestaltung kommt auch in Kinderzimmern vor!) In diesen Fällen besteht dringender Handlungsbedarf.

Am Erscheinungsbild des Schlafzimmers kann ich sehen, ob die Partnerschaft stimmt oder nicht. Ist der Lebensbereich, dem die Liebe zugeordnet wird, unterkühlt, bekommt er nicht ausreichend Aufmerksamkeit! Gehen Sie einmal bewusst durch Ihr Schlafzimmer und achten Sie darauf, was der Raum Ihnen erzählt. Räume spiegeln das, was wir unbewusst fühlen oder denken … Spreche ich genau das bei meinen Beratungen ehrlich aus, treffe ich den Grund und wunden Punkt meiner Kunden, warum sie mich eigentlich wirklich konsultieren. Denn es geht nicht um rein Äußerliches, sondern und den wahren Grund für die Feng-Shui-Beratung.

Wenn das Schlafzimmer neben dem Arbeitszimmer der wichtigste Ort ist, dann ist seine Gestaltung genauso wichtig. Im Bett verbringen wir zwischen sechs und acht Stunden jede Nacht. Hier ruhen wir uns aus, entspannen, tanken auf, erholen uns, der gesamte Organismus regeneriert in der Nacht. Nicht umsonst sagt der Volksmund: „Schlafen ist die beste Medizin!" Sorgen Sie also für ein gemütliches, einladendes Schlafzimmer und Bett. Spielen Sie mit unterschiedlichen Materialien und Farben für die Bettwäsche, Tagesdecken und Kissen. Unterschätzen Sie auch nicht den Einfluss einer passenden Beleuchtung. Mehrere Lichtquellen sind im Schlafzimmer Pflicht, damit Sie immer die passende Atmosphäre entstehen lassen können.

Nach Feng Shui findet die Liebe ihre Kraft im Schlafzimmer. Es sollte also unbedingt ein Ort der Liebe sein – an dem Sie den Alltag vor der Zimmertür lassen können. Das ist nur dann möglich, wenn die Einrichtung und Gestaltung uns dazu anregen und einladen. In einem vollen und kühl gestalteten Schlafzimmer kann die Liebe nicht stattfinden. Wie sollen Sie sich der Liebe hingeben können, wenn Sie von einer Energiesparleuchte oder einer Neonröhre angestrahlt werden?

Was für die Gestaltung Ihres Schlafzimmer wichtig ist:

- Seitlich vom Bett sollte sich kein Spiegel befinden. Im Spiegel vor dem Bett sieht man sein Spiegelbild und erschrickt, was die Ruhe im Raum stört. Einen Spiegel können Sie im Schlafzimmer gerne aufstellen, allerdings sollte sich das Bett nicht darin spiegeln ...
- Das Qi sollte auch unter dem Bett frei fließen können. Nutzen Sie den Bereich unter dem Bett keinesfalls, um Gerümpel zu lagern. Ersatzbettwäsche oder Decken sind in Ordnung, allerdings sollten Sie den Raum nicht überladen.
- Verzichten Sie unbedingt auf einen Fernseher im Schlafzimmer. Er stört den Schlaf! Ein Fernseher ist ein Gegenstand mit aktiver Yang-Energie. Für einen guten Schlaf ist die ruhige und passive Yin-Energie erforderlich. Die aktive Yang-Energie des Fernsehers stört und zerstört die beruhigende Ying-Energie. Falls Sie glauben, dass Sie neben dem Fernseher schneller ein- und besser durchschlafen, muss ich Ihnen diesen Zahn sofort ziehen: Das tun

Sie nicht, Sie machen sich etwas vor. Stellen Sie sich bitte einmal die Frage, von welchem Lebensbereich, von welchem Thema Sie sich damit ablenken? Wenn Sie ihn entfernen, wird es am Anfang womöglich eine Umstellung sein, aber Sie werden schon bald froh um die Energie sein, die Sie haben, seit Sie mit diesem Schlaf- und Lustkiller nicht mehr Ihr Zimmer teilen.

- Verzichten Sie außerdem auf zu viele Pflanzen. Grünzeug mit spitzen Blättern ist Tabu, weil es das Qi im Raum zerstört! Möchten Sie auf Pflanzen im Schlafzimmer nicht verzichten, dann beschränken Sie sich auf eine bis zwei und achten Sie auf runde und harmonische Blattformen.

DIE NEUN LEBENSBEREICHE: DAS BAGUA

Es gibt kaum ein Feng-Shui-Tool, das kontroverser diskutiert wird, als das BAGUA. Das Rechteck mit den neun Lebensbereichen, welches über den Grundriss gelegt wird, hilft uns, zu bestimmen, wo sich in unserem Heim welche Lebensbereiche befinden. So können wir unsere Familienecke einrichten, wissen wo die Partnerschaftsecke und der richtige Platz für unser Delfinpaar ist und können in der Reichtumsecke einen Brunnen für mehr Geld aufstellen.

Während bestimmte Feng-Shui-Schulen und -Anwender auf die Wirkung dieses recht einfachen Systems schwören, distanzieren sich die klassischen Feng-Shui-Schulen komplett von der Anwendung des BAGUA. Oft kommt die Frage meiner Kunden auf, was denn nun richtig ist. Es gibt kein richtig oder falsch. Alle Feng-Shui-Schulen haben ein gemeinsames Ziel: die Energie in den Lebens- und Arbeitsräumen so zu verändern, dass die Menschen gesünder, erfolgreicher, glücklicher und vitaler sind. Die Wege dorthin sind unterschiedlich. Wenn Sie erkältet sind, haben Sie auch mehrere Möglichkeiten, gesund zu werden. Ebenso ist es auch mit der Wahl der Feng-Shui-Schule.

Das Bagua

1. WOHLSTAND	2. RUHM	3. BEZIEHUNG & LIEBE
8. FAMILIE	9. GESUNDHEIT – DAS ZENTRUM	4. KREATIVITÄT & KINDER
7. WISSEN	6. KARRIERE & LEBENSWEG	5. HILFREICHE FREUNDE

DAS „JUNGE" BAGUA

Während das klassische Feng Shui knapp 5.000 Jahre alt ist, bringt es das BAGUA, mit dem ich arbeite, auf knapp 30 Jahre. Der Begründer dieser Methode ist Thomas Lin Yun. Sie ist sehr weit verbreitet, da sie den ersten Einstieg in die komplexe Lehre des Feng Shui erheblich erleichtert. In professionellen Beratungen sollte diese Methode nicht als einzige Untersuchungsmethode angewandt werden, weil sie nicht intensiv und differenziert genug ist, dennoch ist das Drei-Türen-Bagua eine einfache und anschauliche Möglichkeit, in das umfangreiche Thema Feng Shui einzusteigen. Obwohl seine chinesischen Wurzeln nicht eindeutig geklärt sind, zählt das Drei-Türen-Bagua zu den populärsten Feng-Shui-Methoden im Westen.

Nur wenn Sie sich selbst mit Ihren Lebensbereichen beschäftigen und neugierig auf Verbesserung durch Veränderung einlassen, kann diese Methode ihre Wirkung entfalten. Ein Brunnen allein wird Sie niemals reich machen, da gehört mehr dazu. Was der Brunnen kann, ist, Energie in Bewegung zu bringen und das Qi positiv zu verändern. Entscheidend ist jedoch, dass Sie auch handeln! Wünschen Sie sich mehr Geld? Dann überlegen Sie, wo es herkommen kann. Was können Sie aktiv tun, um eine zusätzliche Einkommensquelle zu erschließen? Sie möchten endlich einen neuen Partner in Ihrem Leben haben? Dann verändern Sie Ihr Zuhause, geben Sie der neuen Beziehung Raum, bei Ihnen „einzuziehen", indem Sie erst einmal dafür sorgen, dass die Beziehungsecke Ihrer Wohnung aufgeräumt, klar und sanft beleuchtet ist.

Reden Sie nicht mehr nur darüber, was Sie sich wünschen, sondern handeln Sie! Gehen Sie aus, um jemanden kennenzulernen, legen Sie sich ein Profil bei einer Online-Dating-Plattform an. Der Prinz wird nicht von allein an Ihre Tür klopfen. Und ein Sack voller Geld wird Ihnen nicht per Post zugestellt. Sorry!

//

DORT, WO IHRE AUFMERKSAMKEIT HINGEHT, DAHIN FLIESST AUCH DIE ENERGIE!

Danijela Šaponjić

119

Die Gesetzmäßigkeiten des Feng Shui wirken genauso wie die Gesetzmäßigkeiten der Polarität und Resonanz. Bestimmen Sie Ihr Leben aktiv selbst oder reagieren Sie nur passiv auf das, was Ihnen das Leben gibt? Ich vergleiche das sehr gerne mit einem Tischtennisspiel. Sie können der kleine weiße Ball sein, der von einer Seite zur anderen hin und her geschleudert wird – oder Sie werden zum Schläger, der bestimmt wie, wohin und wie schnell der Ball fliegt.

Auf den folgenden Seiten werde ich nun auf die einzelnen Lebensbereiche eingehen, die vom Bagua repräsentiert werden. Ich werde Sie anleiten, genauer hinzuschauen ...

1. Wie geht es Ihnen mit/in Ihren einzelnen Lebensbereichen?
2. Was zeigt Ihre Wohnung über Lebensbereiche?
3. Wie können Sie dafür sorgen, dass die Energie in Ihren Lebensbereichen wieder in Fluss kommt?
4 Welchen Beitrag können Sie persönlich leisten, damit sich etwas positiv verändert beziehungsweise verbessert?

SO WENDEN SIE DAS BAGUA SELBST AN

Das BAGUA-Raster (siehe Seite 118) mit den neun Lebensbereichen wird auf die Grundrissform Ihres Hauses beziehungsweise Ihrer Wohnung, Ihres Zimmers oder Ihres Büros angepasst. Idealerweise ist der Grundriss maßstabsgetreu und zeigt die realen Begebenheiten. Je nachdem, ob quadratisch oder rechteckig, dehnt sich das BAGUA-Raster entsprechend aus, damit es den gesamten Grundriss ausfüllt. Orientieren können Sie sich ganz einfach wie folgt: Die Achse Wissen, Karriere und hilfreiche Freunde sollten Sie an die Wand auf dem Grundriss legen,

wo sich der Haupteingang zu Ihrem Zuhause befindet. Der Beziehungsbereich liegt, vom Eingang aus gesehen, immer in der rechten oberen
Ecke und der Wohlstand in der linken.

Wenn Ihr Grundriss unregelmäßig ist

Sollte Ihr Grundriss unregelmäßig sein, werden Sie einen „Fehlbereich"
haben. Bevor Sie hier das Raster einzeichnen, ist es wichtig, den Grundriss auszugleichen.

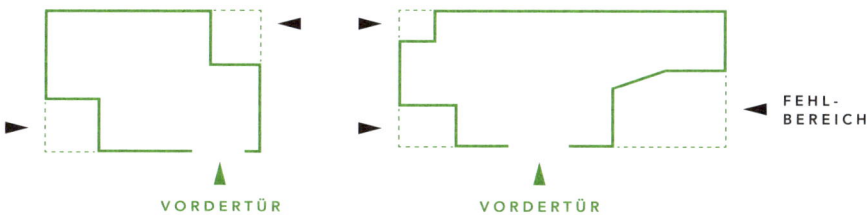

VORDERTÜR   VORDERTÜR

Teilen Sie den Grundriss in neun gleiche Felder auf und beschriften Sie
diese. Bedenken Sie dabei, dass die Achse Wissen, Karriere und Hilfreiche Freunde auf einer Linie mit der Tür liegt.

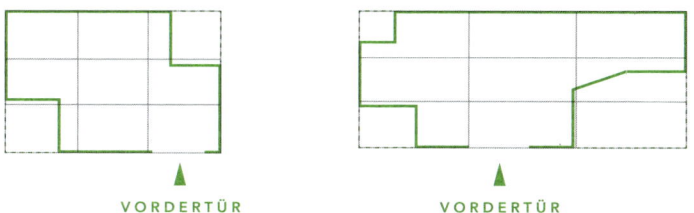

VORDERTÜR   VORDERTÜR

In diesen Fällen befindet sich dann unweigerlich ein Lebensbereich
nicht in Ihren Räumen, dass heißt, er ist mit Qi unterversorgt. Das bedeutet nicht, dass Sie in diesem Lebensbereich nichts bewegen und
erreichen können. Es ist kein Grund auszuziehen! In diesen Fällen ist es
für Sie wichtig, zu wissen, dass Sie persönlich in diesen Lebensbereich

Das Bagua und der Grundriss

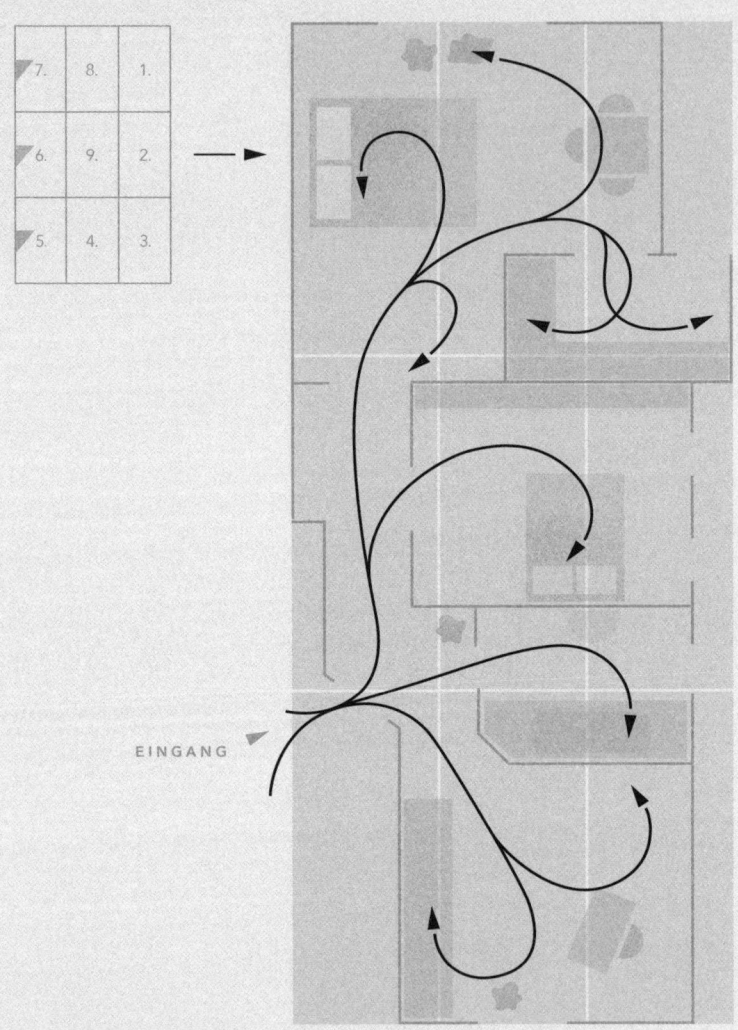

7.	8.	1.
6.	9.	2.
5.	4.	3.

EINGANG

So legen Sie das Bagua
über den Grundriss.

Mein
Grundriss

Kleben Sie Ihren Grundriss hier ein und
zeichnen Sie das Baguaraster mit
einer anderen Farbe ein.

BAGUA

1.	2.	3.
8.	9.	4.
7.	6.	5.

1. WOHLSTAND
2. RUHM
3. BEZIEHUNG & LIEBE
4. KREATIVITÄT & KINDER
5. HILFREICHE FREUNDE
6. KARRIERE & LEBENSWEG
7. WISSEN
8. FAMILIE
9. GESUNDHEIT – DAS ZENTRUM

mehr Aufmerksamkeit und Energie investieren müssen, um das auszugleichen. Wenn Sie wissen möchten, was Sie genau tun können und wie Sie Ihre Lebensbereiche aktivieren, hilft Ihnen fürs Erste ein Klick auf meine Webseite weiter.

Indem Sie in einem Lebensbereich Symbole aufstellen (beispielsweise einen Brunnen in der Wohlstandsecke oder ein gemeinsames Bild von Ihnen und Ihrem Partner in der Partnerschaftsecke!!!), um ihn zu stärken und zu aktivieren, heben diese ihn hervor, schenken ihm Aufmerksamkeit und stärken ihn. Wenn die Energie dorthin fließt, wo sich unsere Aufmerksamkeit befindet, stärken wir dadurch genau diesen Lebensbereich. Interessant oder?

Aus dieser Betrachtung heraus können Sie Ihre „Ecken" beziehungsweise Lebensbereiche dort aktivieren, wo es passt: den Wohlstand im Wohnzimmer oder Arbeitsbereich, die Partnerschaft im Schlafzimmer, die Kinder im Kinderzimmer, die Gesundheit in der Küche, die hilfreichen Freunde im Arbeits- oder Wohnzimmer ... Damit würden Sie fürs Erste schon sehr viel bewegen! Verbinden Sie sich mit Ihren Wohnräumen und spüren Sie, was passt. Probieren Sie aus, was funktioniert, ändern Sie, was nicht funktioniert. Verlassen Sie sich auf Ihre innere Stimme und Intuition.

DIE NEUN LEBENSBEREICHE

1. Wohlstand

Dieser Lebensbereich bezieht sich auf Ihren „Wohl-Stand" – den Überfluss. Geld für die schönen Dinge im Leben zu haben und nicht nur für die überlebenswichtigen Dinge. Er wird auch gerne als „Machtposition" bezeichnet, hier sollten Firmeninhaber, Geschäftsführer und auch Eltern Ihren Platz haben! Wohlstand ist tatsächlich eine Frage der Einstellung. Die Natur zeigt uns stetigen Überfluss, sie kennt keine Begrenzung. Ein Baum würde sich nie im Wachstum beschränken, er wächst und wächst

UM DIE WELT ZU VERÄNDERN, MUSST DU BEI DIR SELBST BEGINNEN!

Chinesische
Weisheit

und wächst ... Im Gegensatz zu uns Menschen. Wir vergessen leider zu oft, dass nur, weil unser körperliches Wachstum begrenzt ist, unser Geist längst nicht beschränkt ist. Hier können wir ewig wachsen, lernen und uns weiterentwickeln. Indem Sie den Wohlstandsbereich stärken und aktivieren, verändern Sie auch Ihre Einstellung zum Wohlstand. Es geht darum, von der „Entweder-oder-Haltung" zum „Sowohl-als-Auch" zu wechseln. Genau hierbei unterstützt Sie die Wohlstandsecke. Sie umfasst weit mehr als nur den Aspekt Finanzen, sie steht für Überfluss im gesamten Leben: Gesundheit, Familie, Glück, Freude UND Geld. Das Gefühl des Überflusses ist ein Gefühl der Ausgeglichenheit. Wohlstand wird in unserer Gesellschaft mit Reichtum gleichgesetzt. Wenn Sie jedoch das Wort Wohlstand trennen, dann versteckt sich dort das WOHL-STEHEN. So führt eine Stärkung des Wohlstandsbereiches zu Ausgeglichenheit – was Sie wiederum dabei unterstützt, einfacher Ihr Geld zu verdienen.

2. Ruhm

Dieser Bereich steht für die Unterstützung der Familie und des Geschäftes in der Außenwelt – hier geht es um Ihren Ruf, wie Sie als Familie oder Unternehmen wahrgenommen werden. Diese Wahrnehmung von Dritten ist der entscheidende Faktor, wie Wohlstand und neue Beziehungen zu Ihnen kommen. Befindet sich hier ein Fenster, fehlt es an dieser Unterstützung. Gleichzeitig steht der Lebensbereich RUHM für Bekanntheit und Anerkennung. Logisch: Je bekannter Sie sind, desto besser läuft auch Ihr Geschäft. Zumindest dann, WENN Ihr Ruf gut ist! Die Anerkennung Ihrer Person, Ihres Geschäftes oder Ihrer Familie kann Ihnen große Vorteile bringen. Also fragen Sie sich: „Wofür möchte ich bekannt sein?" Für Genauigkeit, Pünktlichkeit, Loyalität, Integrität, Professionalität, Güte ... Fördern Sie, was bereits in Ihnen steckt!

3. Beziehung & Liebe

Sollten Sie sich nach einer Beziehung sehnen oder Ihre bestehende Beziehung verbessern wollen, kümmern Sie sich um diese Ecke! Sie ist einer der Schlüsselbereiche in Ihren Lebens- und Arbeitsräumen.

Der Beziehungsbereich steht für die Liebe, die Partnerschaft, aber auch für die Beziehungen mit der Außenwelt und den Geschäftspartnern. Indem Sie diesem Bereich mehr Aufmerksamkeit schenken, unterstützen Sie, dass die passende Beziehung kommen kann, Ihre Beziehung sich verbessert, Sie heiraten und Sie insgesamt wieder mehr Vertrauen in alle zwischenmenschlichen Beziehungen gewinnen. Sobald Sie diesen Bereich stärken, erfährt „Ihr Bezug" zu Menschen an Stärke und Vertrauen, echt tiefe Verbindungen können wachsen!

4. Kreativität & Kinder

Dieser Lebensbereich in Ihren Räumlichkeiten hat einen starken Bezug zum kreativen Denken. Falls Sie Schwierigkeiten haben, kreative Maßnahmen für Ihre Lebensräume zu finden, dann sollten Sie vielleicht genau mit diesem Bereich beginnen. Neben der Kreativität kann das auch dazu führen, dass Sie ...

- Erfüllung und Spaß an einer kreativen Tätigkeit finden.
- Ihre Kreativität in sich finden.
- Gelegenheiten wahrnehmen, die eigene Kreativität auszudrücken.
- Stockende Projekte in Fluss bringen.
- Kinder im Leben begrüßen.
- Dem inneren Kind mehr Raum geben.

Der Grund, warum Kinder und Kreativität zusammenfallen, ist ziemlich offensichtlich: Kinder sind mit die kreativsten Menschen der Welt. Sie bringen buchstäblich „Leben in die Bude" – Kreativität, Lebendigkeit,

126

Neugier, Lebensfreude. Für Kinder ist alles möglich. Sie gestalten aus allem ein Spiel. Wir Erwachsenen verlieren diese spielerische Neugier und Kreativität leider allzu oft. Dabei ist genau diese Einstellung der Schlüssel für ein erfülltes „erwachsenes" Leben.

5. Hilfreiche Freunde

Die Aktivierung dieses Bereiches bringt Menschen und Situationen in Ihr Leben, die Ihnen das Leben leichter machen können. Manchmal sind wir bereits mit hilfreichen Freunden umgeben, doch erkennen sie nicht. Manchmal fehlt der letzte Schritt, damit Hilfe auch bei uns ankommt. Dem Lebensbereich Hilfreiche Freunde wird zu oft viel zu wenig Aufmerksamkeit geschenkt. Indem Sie ihn aktivieren, erleichtern Sie sich das eigene Leben in folgenden Bereichen:

- Sie werden von anderen fairer und ehrlicher behandelt.
- Sie sind öfter zur richtigen Zeit am richtigen Ort.
- Die „richtigen" Personen werden ein offenes Ohr für Sie haben.
- Sie werden viel mehr schaffen, weil Sie an die richtigen Personen delegieren ...

6. Karriere & Lebensweg

Dieser Bereich Ihres Zuhauses ist mit der Tätigkeit verbunden, die Sie in Ihrem Leben tun – oder tun sollten. Ihren Karriere-Bereich gestalten Sie idealerweise direkt an der Tür. Nicht umsonst heißt es, dass im geschäftlichen „die Türen aufgehen", wenn es gut vorangeht. Indem Sie diesen Bereich aktivieren, können Sie eine neue Arbeit finden, Ihre jetzige Tätigkeit mehr genießen, sich beruflich weiterentwickeln und herausfinden, was Sie in Ihrem Leben wirklich machen möchten. So können die passenden Möglichkeiten zu Ihnen kommen und Sie haben die Wahl, etwas zu verändern.

7. Wissen

Dieser Lebensbereich beeinflusst, wie Sie Informationen aufnehmen, speichern und anwenden. Der Bereich „Wissen" steht in enger Verbindung mit allen anderen Lebensbereichen. Wenn Sie beispielsweise Probleme im Umgang mit Finanzen haben, kann das Problem nicht nur in der Wohlstandsecke liegen, sondern auch hier im siebten Bereich Wissen. Indem Sie den Wissensbereich stärken, können Sie bessere Entscheidungen zu treffen, Ihr Geschäfte klüger führen, leichter an Informationen herankommen und bessere Beziehungen haben, beruflich wie privat. Dieser Bereich ist deshalb so enorm wichtig, weil weise Entscheidungen treffen zu können Ihr Leben entscheidend verändern und in die gewünschte Richtung lenken kann. Mit der richtigen Entscheidung könnten Sie Millionen verdienen, mit einer schlechten Ihre Existenz riskieren.

8. Familie

Die Familie – ein sehr empfindlicher Bereich. Bei manchen schlägt das Herz höher, wenn über das Thema Familie gesprochen wird, bei anderen stehen die Haare zu Berge. In diesem Lebensbereich geht es keineswegs „nur" um Ihre genetisch-biologisch verwandte Familie, sondern auch um die „Freunde-Familie" und die „Unternehmens-Familie". Es geht um den Zusammenhalt! Dieser Bereich hält die Energie für ein gesundes und harmonisches Leben, für Sicherheit und Zufriedenheit. Ist dieser Bereich gut mit Energie versorgt, so werden Sie keine Probleme mit den alltäglichen Kosten (Miete, Nahrungsmittel usw.) haben. Bekommt dieser Bereich nicht ausreichend Aufmerksamkeit; so kann es sein, dass der Wohlstandsbereich nie voll und ganz sein wahres Potenzial entfaltet.

Indem Sie diesem Bereich mehr Aufmerksamkeit schenken, fühlen Sie sich sicherer, sodass nichts Sie so einfach umhauen kann. Sie erleben mehr Harmonie in Ihrem Familienleben.

9. Gesundheit – das Zentrum

Hier im Zentrum liegt das Herz Ihrer Lebens(t)räume und Ihres Lebens. Der Herzpunkt ist der Schlüssel für ein Leben im Überfluss. Wenn Sie diesen Lebensbereich fördern, dann sorgen Sie für einen stärkeren Zusammenhalt zwischen den Bewohnern und steigern die Gesundheitsenergie im Haus.

Ich möchte Ihnen gratulieren, dass Sie sich auf die Spur nach den Schlüsseln für mehr Wohlstand, Glück, Gesundheit, Liebe, Erfolg und Erfüllung machen. Das Geheimnis liegt in Ihrer Verbindung zu Ihren Räumen und Ihrem Leben. Wenn Sie Räume verändern, verändert sich auch Ihr Leben – das steht fest. Vielleicht haben Sie schon einmal das berühmte „Klick" gespürt. Es ist eine Veränderung, die Sie wahrnehmen, aber nicht so genau beschreiben können. Ein gutes Beispiel hierfür ist die Liebe – und es muss nicht unbedingt die Liebe auf den ersten Blick sein. Es ist der Moment, in dem sich die Energie zwischen Ihnen und einem anderen Menschen verändert. Der Moment, wenn Sie diese Person auf einmal anders wahrnehmen und Sie sich aufeinander „einstimmen". Auch mit Ihren Lebensräumen können Sie durch die richtigen kleinen Veränderungen mithilfe von Feng Shui auf gleicher Wellenlänge sein und in einer Frequenz schwingen, die Sie und Ihre Vorhaben fördert. Dann können Sie sicher sein, dass Sie von den Räumen, in denen Sie sich aufhalten, optimal unterstützt sind. Diese Verbindung vergleiche ich sehr gerne mit einer Partnerschaft. Haben Sie einen Partner an Ihrer Seite, der Sie in Ihren Vorhaben unterstützt, haben Sie eine ganz andere Power, um Ihre Ziele zu verwirklichen. Stellt sich Ihr Partner immer und immer wieder gegen Ihre Vorhaben, müssen Sie viel mehr Energie aufwenden. Überflüssig zu fragen, welcher Weg einfacher ist und Sie nicht nur schneller, sondern mit mehr Spaß, Glücksgefühl, Erfüllung und Tatendrang zur Verwirklichung Ihrer Ziele führt.

5 / What you see is what you get

Was du siehst, bekommst du auch! Ein uraltes Feng-Shui-Prinzip ist durch die starke Vereinfachung des Feng Shui verloren gegangen. Leider! Unsere Aufmerksamkeit ist mit 1001 Sache gebunden, die wir noch zu tun haben und dann kommen zusätzlich die ganzen Energiesauger hinzu – wo und wie bitte soll noch Kapazität für die Zukunftsplanung her? Seien Sie ehrlich: Wie viel Zeit bleibt Ihnen eigentlich überhaupt für Ihre Zukunftsplanung, privat wie beruflich?

Das Feng-Shui-Prinzip, welches ich Ihnen in diesem Kapitel vorstelle, hat sehr engen Bezug zu unserer Zukunft. Während ein guter und ausgeglichener Qi-Fluss für die Gesundheit und den Wohlstand stehen, ist der Ausblick, den Sie von Ihrem Büro, Arbeitsplatz oder Haus haben, entscheidend für Ihren Erfolg und Ihre Zukunft.

Gehören Sie zu den Menschen, die Ziele, Visionen, Träume und Wünsche haben? Dann möchte ich Sie beglückwünschen. Ehrlich, das ist keine Selbstverständlichkeit. Vielleicht gehören Sie aber zu der Mehrheit, die gegenwärtig Ihr Leben von einem Tag zum anderen lebt, scheinbar „alles" hat und doch nach dem Richtigen sucht? Das neugierige Entdecken der eigenen Visionen, die konkrete und verbindliche Zielsetzung, ist bei vielen von uns verloren gegangen. Was erstaunlich ist, denn erfolgreiche Menschen und Unternehmen haben genaue Visionen und Ziele, die sie schrittweise verwirklichen. Wir leben in einer Welt voller Konzepte und Regeln, die uns vorschreiben, was wir tun sollen, um in das rationale Gesellschaftsbild hineinzupassen, mit dem einzigen Ziel, bloß reinzupassen und nicht anders zu sein. Kein Außenseiter zu werden. Wer nicht in gängige Raster hineinpasst, wird attackiert, angefeindet, diskriminiert. Schubladendenken ist der Kreativitätskiller schlechthin.

Zu träumen und sich große Ziele zu setzen, ist eine kreative Art, sich auszudrücken. Weil das Praktische und Rationale in unserer Gesellschaft so im Hauptfokus steht, wird Kreativität häufig als verzichtbarer „Luxus" abgestempelt. Doch genau diese spielerische Art, das Leben zu „planen" und Prioritäten zu setzen, die von der ureigenen Neugierde angetrieben werden, führt zur Erfüllung unserer Lebensträume. Leider ist sie uns Erwachsenen oft völlig verloren gegangen.

STORY:

Bis zu meinem 25. Lebensjahr lebte ich ein gesellschaftstaugliches Musterleben: Schülerin, Studentin, Ehefrau und Mutter. Ich spielte alle meine Rollen vorbildlich, zuverlässig und perfekt. Damals war ich davon überzeugt, dass mein Leben im Rahmen des damals Möglichen vollkommen war. Meine Eltern waren sehr stolz auf mich, schließlich war ihre Tochter die erste in der Familie, die studiert hatte. Sie war „anständig" verheiratet und hatte das erste Enkelkind auf die Welt gebracht. Nicht schlecht für eine 25-Jährige. Natürlich war auch ich selbst mit Stolz erfüllt und die Bewunderung und Anerkennung aus meinem Umfeld taten sehr gut. Ich war mir sicher, einfach alles perfekt geplant zu haben. Sogar unser erster Sohn kam so pünktlich auf die Welt, dass ich mein Praktikum und meine Semesterprüfungen wie vorgesehen abschließen konnte. Nicht nur das, ich hatte sogar noch fünf Tage „frei" vor den Klausuren, weil er fünf Tage vor dem errechneten Geburtstermin das Licht der Welt erblickte. Mein Leben verlief nach einem Konzept, welches ich nach den Regeln geschrieben hatte, die ich bis dato kannte.

Knapp zehn Jahre später suchte ich nach Familienbildern für eine Kindergartenfeier. Dabei fiel mir ein Foto von damals in die Hände. Die vermeintlich glückliche junge Frau auf diesem Bild schaute mit traurigen braunen Augen in die Kamera. Das Gesicht war von tiefen Augenringen gekennzeichnet. Sie lächelte, aber sie strahlte nicht. Im Grunde strahlte nichts an ihr, außer dem kleinen Kind, das auf ihrem Schoß saß und mit seinen großen blauen Augen neugierig in die Kamera blickte. Mir fiel dieses Bild aus der Hand und Tränen liefen mir über die Wangen. Mir gingen viele Fragen durch den Kopf: Habe ich mich damals getäuscht? Wie konnte es sein, dass ich mich damals glücklich fühlte, aber doch so matt, schlecht, leblos aussah? Warum fühlte ich mich jetzt, zehn Jahre später, als dreifache Mutter und Unternehmerin lebendiger, schöner und vitaler, als damals mit meinen jungen 25 Jahren? Was ist in der Zwischenzeit passiert? Was machte ich nun anders als damals? Vor allem wurmte mich die Frage: Wann und wo war eigentlich genau der Wendepunkt in meinem Leben gewesen?

Der Wendepunkt kam, als es kein Drehbuch für das gelebte Konzept gab. Es ging nicht mehr weiter. Ich verlor mein Ziel, als ich zugeben musste, dass ich als Betriebswirtin keine Arbeit bekommen würde. Dieser Moment war ein Tiefpunkt in meinem Leben. Na ja, und wenn es nicht weiter nach unten geht, dann muss es irgendwie wieder nach oben gehen, oder? Genau zu diesem Zeitpunkt kam Feng Shui in mein Leben. Erst träumte ich davon, Feng Shui für andere Menschen zu machen. Ich traute mich nicht einmal, darüber zu sprechen, aus lauter Angst, jemand könnte es mir ausreden! Ich hatte also ein klares Ziel, was es mir einfach machte, die nächsten Schritte anzugehen. Ich fand die passende Feng-Shui-Schule und das Geld für die Ausbildung konnte ich durch zusätzliche Jobs verdienen, die ich zuvor gar nicht in Aussicht hatte. All dass konnte sich entwickeln, weil ich ein konkretes Ziel vor den Augen hatte. Die eigene Vision ist ein Blick in die Zukunft. What you see is what you get.

Wie möchten Sie Ihr Leben leben? Wissen Sie, wohin Sie gehen und sich entwickeln möchten? Was sind Ihre Ziele, Ihre Visionen? Haben Sie Ihr wichtigstes Warum, Ihren Haupt-Antriebsfaktor, durch die Übung auf Seite 59 bereits entdeckt? Den Schlüssel zur Verwirklichung Ihrer Ziele und Visionen? Wenn nicht, sollten Sie die Übung wiederholen, bis Sie hier Klarheit haben. Denn dieses Kapitel wird Sie zur Erfüllung Ihrer Ziele führen, das heißt, sie sollten diese vorher kennen.

KREIEREN SIE IHRE ZUKUNFT!

Immer wieder stelle ich fest, dass die Begriffe Wünsche, Träume, Ziele und Visionen synonym und undifferenziert verwendet werden. Sie sind aber keine Synonyme! Jeder dieser Begriffe hat eine ganz eigene Bedeutung und steht für sich selbst. Erst recht als Erwachsene können, dürfen und sollten wir auch tagsüber träumen. Das ist sogar notwendig, um herauszufinden, welche Wünsche und Potenziale in uns schlummern. Aus diesen Träumereien entstehen unsere Visionen und schließlich Ziele. Träumen Sie manchmal im Alltag? Versinken Sie in Ihren eigenen Gedanken? Läuft Ihr eigenes Kopfkino? Was würden Sie tun, wenn Sie alle Möglichkeiten hätten? Wenn Zeit und Geld keine Rolle spielten? Träumen Sie und schreiben Sie in Ihrem Notizbuch auf, was Ihnen in den Sinn kommt – ohne wenn und aber!!

STORY

Ich persönlich träume regelmäßig, und zwar gerne. Manchmal bewusst, manchmal unbewusst. Oftmals ertappe ich mich beim Tagträumen, wenn es draußen regnet, die Straßen grau sind und der Himmel trüb. In Momenten, wenn ich den Eindruck habe, die Sonne hat uns vergessen ... Fast unvermeidlich tauchen Bilder meines geliebten Strandes in Kroatien auf. Grünes Wasser, blauer Himmel, der Geruch von Meer in der Luft. Ich spüre förmlich die Wärme auf meiner Haut,

//

DER BESTE WEG, DIE ZUKUNFT VORAUS- ZUSAGEN, IST, SIE ZU GESTALTEN!

Abraham Lincoln

134

den Kies unter meinen Füßen. Ich spüre, wie sich meine Gesichtsmuskeln auflockern und mir wärmer wird ... und dann zack: Der Bus kommt durch die Pfütze geschossen und die nun nassen Füße holen mich schnell in den Alltag zurück. Was aber bleibt, ist das innere Lächeln, das meinen Tag leichter macht.

Wir wurden mit der Fähigkeit, zu träumen, geboren. Es ist eine sehr wichtige Eigenschaft, die gerade bei Kindern stark ausgeprägt ist. Durch Tagträume machen Kinder ihr Leben interessanter. Sie werden zu Superhelden und ihre Spielsachen erwachen zum Leben. Ich sage nur: ToyStory. Dieser Film trifft die Fantasie der Kinder und weckt Erinnerungen und Kindheitsträume der Erwachsenen. Mich fasziniert es, wie Kinder über mehrere Stunden mit ein paar wenigen Spielsachen so vertieft spielen können, dass sie alles um sich herum vergessen. In dieser Zeit steigern sie ihre Kreativität, ihre Neugierde, entdecken die Welt und entwickeln ihren Intellekt. Kurz gesagt: Sie lernen. Doch sobald den Kindern der Alltag antrainiert wurde, meistens begleitet durch die zeitlichen Vorgaben des Kindergartens oder der Schule, haben sie immer weniger Zeit für ihre Träumereien. Die Spielphasen werden kürzer. Sollten Sie Kinder haben, dann werden Sie den Satz „Jetzt hör endlich auf zu träumen!" vielleicht kennen. Vor allem dann, wenn Sie morgens um acht Uhr immer noch im Kindergarten stehen, obwohl Sie schon seit einer halben Stunde im Büro sein wollten ...

Ehrlich gesagt, auch mir liegt dieser Satz regelmäßig auf der Zunge, wenn ich im Stress bin und meine Jungs träumen und trödeln. Ich bin geneigt, sie genau mit dem Satz aus ihren Träumen zu holen, mit dem ich selbst früher beim Träumen ausgebremst wurde. Heute, egal wie sehr die Zeit drängt, frage ich meine Kids: „Wo seid ihr gerade? An was denkt ihr?" Und wissen Sie was? Ich ernte strahlende Kinderaugen, herzerwärmende Geschichten, lebendiges Lachen und rosige Wangen, während es aus meinen Jungs nur so hervorsprudelt, welcher Film gerade in ihren Köpfen läuft. Meistens braucht es dann auch schon keine Aufmunterungen mehr zum Jackeanziehen, sondern alle drei schlüpfen nebenbei noch beim Erzählen in die Ärmel, die ich ihnen hinhalte. Bei uns zu Hause ist Träumen erlaubt, ja, vielmehr noch: Es ist sogar ausdrücklich erwünscht!

Träume sind ein wichtiger Teil unseres Seins, unseres Wesens und damit auch unseres Lebens. Durch das Träumen eröffnen sich neue Bewusstseinsebenen, Ideen entstehen, die uns sonst nicht zugänglich sind. Wenn wir träumen, dann fühlen wir. In den Momenten, während wir unserer Fantasie freien Lauf lassen, verschwinden die Grenzen und Barrieren. Alles wird möglich.

Sie haben immer die Wahl! Sie können, vernünftig, mit dem „Träumen Schluss machen!" und sich wieder Ihrem normalen Alltag widmen, der Sie vielleicht nicht erfüllt, nicht glücklich macht, weil Sie nur „funktionieren". Oder: Sie beginnen bewusst tagzuträumen und sprengen die Grenzen des Möglichen. Sie beginnen, endlich ernsthaft darüber nachzudenken, wie wichtig Ihr Traum für Sie ist und welchen ersten Schritt sie unternehmen könnten, um ihn Realität werden zu lassen. Denn Träume müssen nicht Träume bleiben. Sie können wahr werden. Sie haben die Wahl. Immer.

WÜNSCHE ENTSTEHEN AUS TRÄUMEN

Wenn wir uns intensiver mit unseren Träumen beschäftigen, entstehen daraus unsere Wünsche. Es ist ein ganz natürliches, menschliches Urbedürfnis, nach Vollkommenheit und Erfüllung zu streben. Der Duden definiert den Begriff „Wunsch" als sich etwas sehnlich erhoffen. Anders gesagt: Wünsche sind Ideen, an deren Umsetzung, erst einmal, kein wirkliches Interesse besteht. Häufig haben wir unzählige Wünsche, und manchmal ist es eine Illusion, an ihnen allen festzuhalten. Dennoch ist es gut und wichtig, Wünsche zu haben, denn wie Goethe gesagt hat, sind sie die Vorboten der in uns liegenden Fähigkeiten. Der Haken an der Sache ist: Wünsche erfüllen sich selten von allein. Wir müssen etwas dafür tun.

UNSERE TRÄUME KÖNNEN WIR ERST DANN VERWIRK-LICHEN, WENN WIR UNS ENT-SCHLIESSEN, DARAUS ZU ERWACHEN!

Josephine
Baker

Haben Sie einen Wunsch, den Sie sich unbedingt erfüllen möchten? Beginnen Sie zu überlegen, was Sie tun müssen, um sich Ihren Wunsch zu erfüllen. Dann haben Sie ein konkretes Ziel.

Können Sie sich an Ihre Wünsche, die Sie als Kind hatten, erinnern? An die Momente, als nichts anderes zählte als der Wunsch nach einem Spielzeug, einem Stück Schokolade oder einem Spielnachmittag bei der besten Freundin? Mit einem gezielten Fokus und einem starken Willen habe zumindest ich meine Eltern manchmal zur Verzweiflung getrieben, bis ich endlich das hatte, was ich wollte. Mir war es so unglaublich wichtig, dass mein Wunsch in Erfüllung geht, dass ich bereit war, alles dafür zu tun. Ich glaube, das ist eine Eigenschaft, die wir alle – zumindest als wir Kinder waren – besessen haben.

WENN AUS WÜNSCHEN ZIELE WERDEN

Können unsere Wünsche tatsächlich Wirklichkeit werden? Soll das bedeuten, dass all das, was Sie sich wünschen, auch Ihre Wirklichkeit werden kann? Ja!

Das gilt allerdings nur für die Dinge, die Ihnen wirklich von tiefstem Herzen wichtig sind. Das, was sie berührt und wofür Sie tatsächlich bereit sind, etwas zu tun. Aus Träumen werden Wünsche und aus diesen konkrete Ziele, die Sie zu Ihrer Vision führen.

Die offizielle Duden-Definition des Wortes „Ziel" lautet: „Ein Ziel ist ein angestrebter Zustand, der nach Inhalt, Zeit und Ausmaß genau bestimmt ist." Ziele sind demnach konkrete Vorhaben, die aus den Träumen und Wünschen entspringen. Wenn Sie aus einem Wunsch ein Ziel machen möchten, kommen Sie um die folgenden Fragen nicht herum:

- Was genau will ich erreichen?
- Bis wann werde ich es erreicht haben?
- Wie werde ich mein Ziel erreichen und was werde ich dafür konkret tun?
- Wie werde ich mich fühlen, nachdem ich mein Ziel erreicht habe?

Die Klassiker unter den Wünschen sind „Abnehmen", „mehr Sport treiben", „gesündere Ernährung" und natürlich „mehr Geld haben". Klingt doch schon gut, oder? Ganz nach dem Motto: „Ich weiß genau, was ich will!" Aber, Sie müssen konkreter werden! Wie viel möchten Sie denn abnehmen und bis wann? Wie werden Sie sich fühlen, nachdem Sie abgenommen haben? Sie möchten sich gesünder ernähren? Was genau wollen Sie an Ihrer Ernährung verändern? Mehr Geld zu haben, ist ein durchaus verständlicher Wunsch, aber wie viel „mehr" möchten Sie haben? Bis wann soll es auf Ihrem Konto sein? Welchen Plan haben Sie, um diese bestimmte Summe an Geld zu generieren? Vor allem sollten Sie sich mit der Frage beschäftigen: Was bin ich bereit, dafür zu tun, um dieses Ziel zu erreichen? Das ist der Schlüssel.

Ziele sind Vorhaben und Ideen, die es uns wert sind, dafür zu arbeiten, uns richtig reinzuhängen, egal was kommt, damit sie unsere Realität werden. In turbulenten Zeiten geben uns konkrete Ziele Sicherheit, um nicht von dem gewünschten Weg abzukommen. Sie unterstützen uns dabei, unseren Weg zu gehen, und wenn wir einmal davon abkommen, wieder zurück auf den Pfad zu finden.

VISIONEN SEHEN – VISIONEN LEBEN

Visionen unterscheiden sich durch einen wichtigen Faktor von Träumen und Wünschen. Sie sind ein riesiges und mächtiges Ziel, welches in seiner Gesamtheit einfach nicht als Ziel dargestellt werden kann. Eine Vision ist groß, sehr groß, und passt auf kein Papier, sie lässt sich auch nur schwer mit Worten beschreiben oder aufschreiben. Visionen sind nicht selten Lebensaufgaben, die wir uns stellen beziehungsweise die sich uns stellen. Visionen sind Endziele und damit die eigentlichen Antriebsfaktoren für kleinere und größere Ziele im Leben.

Der Ursprung des Wortes Vision kommt aus dem Lateinischen: „Videre" bedeutet „Sehen". Im Französischen lautet die Übersetzung von „vision": der Traum. Visionen entstehen aus Träumen, die so mächtig und gefühlsintensiv sind, dass sie einfach aus uns ausbrechen, dass sie unbedingt verwirklicht werden möchten.

Manchmal sind Visionen das Idealbild der eigenen Zukunft, unser Leitbild, sie sind mit starken positiven Gefühlen verbunden. Wenn Sie eine Vision haben, dann sehen Sie sich am Ziel, dort, wo Sie sein möchten. Die dazugehörigen Gefühle ergänzen dieses unglaublich kraftvolle innere Bild und tragen wesentlich dazu bei, dass Sie handeln und in Bewegung kommen. Lassen Sie es nur zu.

 Haben Sie sich schon einmal die Frage gestellt: „Wie möchte ich wirklich leben?" Die Antwort auf diese Frage zu finden, ist nicht unbedingt einfach. Denn sie sollte nicht vom Verstand konzipiert werden, sondern aus Ihrem Herzen kommen. Aus der natürlichen Neugierde heraus, mit der Sie geboren wurden.

Die Neugierde ist der Antriebsfaktor Nummer 1 in der Persönlichkeitsentfaltung und Weiterentwicklung. Sie bringt das Baby dazu, zum ersten Mal den Kopf anzuheben, zu brabbeln, zu krabbeln und zu laufen, zu lesen, zu schreiben und zu lernen.

Der Antriebsfaktor Nummer 2 ist die Wut! Wenn Sie so richtig die Nase voll haben, auf den Tisch hauen und sich schwören, dass Sie jetzt etwas ändern werden. Um ehrlich zu sein, so war es bei mir ...

WENN EIN KINDHEITSTRAUM
ZUR LEBENSVISION WIRD

Kinder trauen sich viel mehr als Erwachsene. Vor allem, wenn es um Dinge geht, die unbekannt sind. Diese Knirpse sind häufiger als die Erwachsenen bereit, sprichwörtlich ins kalte Wasser zu springen. Kinder träumen noch und „schwören", dass sie etwas tun werden oder eben nie wieder machen möchten!

Sie tun das nicht für andere, sondern für sich selbst. Auch ich habe mir mit 13 Jahren etwas geschworen. Welche Auswirkungen dieser „Schwur" auf mein Leben haben würde, wurde mir erst 15 Jahre später bewusst – als ich realisierte, dass mein Leben ganz anders verläuft, als ich mir das je hätte vorstellen können.

Ich bin in einer tollen Familie aufgewachsen, mit viel Liebe. Gleichzeitig war mir sehr früh klar, dass ich mehr wollte, dass ich anders leben wollte als meine Eltern. Sie kamen in den 1970er-Jahren als Gastarbeiter nach Deutschland und verbrachten ihr ganzes Leben als Arbeiter in Fabriken. So gehörten mein Bruder und ich zu den Kindern, die laut gewisser Studien keine Chance haben, jemals eine akademische Ausbildung zu absolvieren. Zu jenen Chancenlosen, die trotz Kindergarten in den Deutschunterricht geschickt werden. Die in eine gesellschaftliche Schublade gesteckt werden. Alle Zeichen standen dafür, dass ich das Leben meiner Eltern führen und ein Leben gemäß den gesellschaftlichen Erwartungen leben würde. Dass, sobald ich etwas anders oder etwas anderes machen wollte, mein Umfeld mich mit Nachdruck daran erinnern würde, nicht zu vergessen, woher ich komme. Schließlich wurde von mir nicht erwartet, „etwas Großes" zu werden. Visionen? Ach, wozu brauchst du Visionen. Bleib da, wo du bist. In Sicherheit. Du hast doch alles, was du

ALLE KINDER
HABEN DIE
MÄRCHEN-
HAFTE KRAFT,
SICH IN ALLES
ZU VER-
WANDELN,
WAS IMMER
SIE SICH
WÜNSCHEN.

Jean Cocteau

140

brauchst. Es ist ja praktisch – in der kleinen Werkswohnung. Finde eine sichere Arbeit und arbeite bis zur Rente. Das Leben meiner Eltern, meiner wichtigsten Vorbilder, legte sich wie eine große Kinoleinwand-Projektion über meine eigenen Sehnsüchte und Wünsche.

 Leben Sie Ihr Leben? Gehen Sie Ihren Sehnsüchten, Wünschen, Träumen und Ihrer Neugier nach? Oder leben Sie ein Leben, welches von Ihnen erwartet wird? Weil man das eben so macht, bei Ihnen in der Familie und im Umfeld? Träumen Sie von IHREM Leben, in dem alles möglich ist? Folgen Sie dieser Spur!

Im Münchner Süden gibt es noch heute eine Privatschule, die ausschließlich von Kindern besucht wird, die zu Familien der oberen Wohlstandsschicht gehören. Damals wären meine Eltern NIE auf die Idee gekommen, zumindest den Versuch zu starten, mich an dieser Schule anzumelden. Dennoch durfte ich die Schule besuchen – und zwar immer dann, wenn mein Vater Überstunden schieben und ich meiner Mutter beim Putzen helfen musste.

Da meine Eltern das deutsche Schulsystem nicht ausreichend kannten, schrieben sie uns in die nächstliegende Schule ein. Das war nun einmal die Hauptschule bei uns im Ort. Logisch war es auch, dass ich als Jugendliche mit 15 Jahren streng auf mein Image achtete. Für mich war es extrem wichtig, dass mich bloß niemand sah, wie ich gemeinsam mit meiner Mutter diesen Besen durch die Klassenzimmer zog. Ehrlich gesagt, ich habe es gehasst! Die leeren und irgendwie leblosen Klassenzimmer, die nach Pausenbrot und Kreide rochen, der Besen, der an den Tischbeinen hängen blieb und meine Mutter, die mich ständig daran erinnerte, die Ecken beim Kehren ja nicht zu vergessen. Nachdem die Klassenzimmer gefegt waren, stieg mir der Geruch von sauer-scharfem Putzmittel in die Nase, denn meine Mutter kam mit dem Putzwagen nach. Die typischen Wägen, mit denen der blaue große Müllsack und der Eimer Wasser durch die Gegend gefahren werden. Während sie die Klassenzimmer, die ich zuvor mehr oder weniger gründlich gekehrt hatte, nass nachwischte, holte ich den Staubsauger und begann die endlos langen, damals noch mit Teppichboden belegten Flure zu saugen. Dieses Geräusch betäubte mein Gehör und meinen Verstand. Währenddessen tat ich das einzige mir Mögliche, um zu entfliehen: Ich träumte. Ich träumte von meiner ersten Levis 501, die damals so IN waren, von meinem ersten richtigen Nebenjob, den ich mit meinem 16. Geburtstag annehmen würde. Ich träumte davon, wie mich der Junge, in den ich damals verliebt war, ins Kino einlud. Kopfkino war angesagt und ehrlich, ich habe es genossen, denn ich konnte mir das alles so lebhaft vorstellen, dass ich mich fühlte, als ob ich in meiner neuen Levis 501 mit meinem Schwarm im Kino saß.

An diesem besagten einen Nachmittag, der meinem Leben eine neue Richtung gab, war ich, wieder einmal, mit meiner Mutter in der Schule, staubsaugte – und träumte. Geräusche, die den Staubsauger übertönten, brachten mich zurück in die Realität. Ich drehte mich um und sah eine Gruppe Schüler auf mich zukommen. Sie waren in meinem Alter. Panik durchflutete mich. Mein erster Gedanke war: „Sie haben mich gesehen!!!" Meine Hände begannen zu schwitzen, meine Knie zitterten und mein Herz galoppierte. Unweit von mir blieben sie stehen. Offensichtlich warteten sie auf jemanden und nutzten die Zeit, um mich zu beobachten. Ich spürte ihre Blicke. Ich hörte das Nuscheln und das unterdrückte Lachen. Dann liefen sie weg und drehten mir den Rücken zu.

Heute bin ich überzeugt, die Tatsache, dass sie weggeschaut, sich von mir abgewendet haben, hat mich am meisten getroffen. Nichts hätte mir klarer machen können, dass ich einfach nicht dazugehörte. Erst dachte ich mir, nichts wie weg hier! Doch war das die Lösung? Wer zum Teufel bestimmt denn, ob ich zu einer Gruppe von Menschen dazugehöre oder nicht? Ist Geld zu haben wirklich der ausschlaggebende Faktor? Ist es der Beruf? Die Kleidung? Was ist es?

Damals konnte ich mir noch keine Antwort auf diese Frage geben. Doch an diesem Nachmittag, mit diesem blöden Staubsauger in der Hand und mit Tränen in den Augen, schwor ich mir: „Ich werde alles tun, damit ich, wenn ich erwachsen bin, diese Arbeit nie, nie, nie wieder machen muss!" Was ich mir damit wünschte war, frei zu sein und unabhängig.

Ich sage Ihnen, ich war seither IMMER so was von bereit, alles zu lernen und alles zu tun, was notwendig war, um frei und unabhängig zu werden, die Dinge zu tun, die ich wirklich tun wollte, und nicht die, die ich tun musste. Dieses Erlebnis damals in der Schule hat meine Lebensvision entstehen lassen, meinen roten Faden, der mich bereits seit mehr als zwanzig Jahren antreibt, Dinge anders zu tun und niemals aufzugeben. Auch dann am Ball zu bleiben, wenn alle anderen schon längst abgesprungen sind.

MAKE A COMMITMENT TO YOURSELF!

Haben Sie auch so eine Geschichte? Gehen Sie gedanklich zurück. Fühlen Sie Machtlosigkeit und Wut, die in Ihnen hochsteigen? Diese Gefühle können destruktiv, aber auch genauso konstruktiv und schöpferisch sein. Es ist Ihre Entscheidung. Nutzen Sie diese Energie und gestalten Sie jetzt Ihre Ziele!

„Schwören" Sie sich, dass Sie ...

- ... bereit sind zu handeln, Unbekanntem neugierig, offen und ohne Vorurteile zu begegnen.
- ... weitermachen, auch wenn eine Stimme in Ihnen laut „NEIN" oder „STOPP" schreit.
- ... NICHT auf alle anderen hören, sondern vor allem auf sich selbst.
- ... die Verantwortung für das übernehmen, was Sie tun und vor allem für das, was Sie NICHT tun.
- ... 100 Prozent geben (raus aus dem Mittelmaß!)
- ... keine Entschuldigungen mehr suchen!

... Sie niemanden für Ihren Misserfolg schuldig oder verantwortlich machen. Weder Eltern, noch Freunde, noch Lehrer, noch Ihren Partner – also niemanden!
... aus Ihren Fehlern lernen und Sie gütig als Lernprobe annehmen.

Herzlichen Glückwunsch! Sollte sich in Ihnen jetzt Widerstand regen, Ihr Verstand versuchen, Ihnen zu erklären, dass das, was Sie da machen, lächerlich ist, dann können Sie davon ausgehen, dass Sie auf dem richtigen Weg sind. Nämlich Ihre Komfortzone zu verlassen und Ihre Wünsche zu verwirklichen.

ERFAHREN SIE,
WOFÜR IHR HERZ SCHLÄGT!

Tun Sie schon das, was Sie möchten? Oder noch das, was Sie müssen? Wissen Sie, warum Sie auf der Welt sind? Was Ihre Aufgabe ist? Folgende Übung wird Sie dabei unterstützen, den Antworten auf diese Fragen näherzukommen. So können wir gemeinsam im nächsten Kapitel Ihre persönliche Visionstafel gestalten.

Life-Purpose-Exercise

Ich kann Ihnen nicht sagen, wofür Ihr Herz schlägt, welcher Wunsch in Ihnen brennt und Wirklichkeit werden möchte. Niemand kann das, außer Ihnen selbst. Ein amerikanischer Coach und Autor namens Arnold M. Patent hat eine Übung mit dem Titel „Finden Sie Ihren Lebenszweck heraus" entwickelt. Hierbei geht es darum, Ihre eigenen Werte in Verbindung mit Ihren persönlichen Stärken zu bringen. Natürlich habe auch ich diese Übung gemacht. Als ich dann meinen „Satz" las, war ich erleichtert und zugleich erstaunt, endlich meine Intention, meinen Lebenszweck schwarz auf weiß zu haben – und das sogar knapp und präzise formuliert in einem Satz. Ich fühlte mich, als ob sich auf meiner

Lebensbühne der schwere Vorhang gerade geöffnet hatte und ich geblendet von den großen Scheinwerfern in mein Publikum blickte. Natürlich möchte ich Ihnen meinen Satz nicht vorenthalten:

„Meine Absicht ist es, meine Lebendigkeit und Begeisterungsfähigkeit zu verwenden, um Menschen zu inspirieren, ihre Träume zu verwirklichen, in gesunden Lebensräumen zu leben und der Tätigkeit nachzugehen, die ihnen wahre Freude bereitet. Sie genießen ihren persönlichen Überfluss." Jetzt sind Sie dran!

<u>Die Lebenszweckübung nach Arnold M. Patent</u>
Spiritueller Coach und Autor, www.arnoldpatent.com

1. Ihre persönlichen und positiven Eigenschaften
   Schreiben Sie bitte zwei Ihrer wichtigsten Eigenschaften auf.
   Hier ein paar Beispiele: Begeisterungsfähigkeit, Kreativität,
   Einfühlungsvermögen ...

2. Die Interaktion mit anderen
   Schreiben Sie eine oder zwei Möglichkeiten auf, wie und wann
   Sie diese Eigenschaften nutzen, wenn Sie mit anderen Menschen
   arbeiten oder in Interaktion stehen.
   Zum Beispiel: Ich unterstütze, motiviere, inspiriere ...

3. Die perfekte Welt
   Stellen Sie sich vor, die Welt ist perfekt. Es gibt kein Entweder-
   oder. Alles ist möglich. Wie sieht Ihre Welt aus? Wie gehen die
   Menschen miteinander um? Wie fühlt sich das an? Schreiben Sie
   Ihre Antwort in Form einer Aussage in der Gegenwart auf.
   Hier ein Beispiel: „Jeder kann mit seinen einzigartigen Talenten
   die Gesellschaft bereichern, um so die Dinge zu tun, die seiner
   Natur entsprechen. Die Menschen achten und respektieren sich
   gegenseitig. Der Ausdruck von Dankbarkeit ist in dieser Welt
   selbstverständlich."

INTERAKTION
mit anderen

....

....

....

....

....

....

....

....

....

....

....

....

....

....

....

Meine persönlichen & positiven
EIGENSCHAFTEN

_____

_____

_____

_____

_____

_____

Meine perfekte
WELT

_____

_____

_____

_____

_____

_____

_____

_____

_____

_____

_____

_____

Meine
Lebenszweck-
übung

ZUSAMMENFÜHRUNG
Mein Statement
Mein Lebenszweck

....

....

....

Die Zusammenführung

Kombinieren Sie nun Ihre Antworten aus den ersten drei Übungsschritten und schreiben Sie die daraus resultierende Absicht auf. Beginnen Sie den Satz mit: „Meine Absicht ist es …"

Durch die Beantwortung der folgenden Fragen werden Sie Ihr eigenes WARUM formulieren. Ihren Antrieb, der Sie Träume verwirklichen lässt.

GESTALTEN SIE IHRE VISIONSTAFEL – TRÄUMEN IST GEFRAGT

In der Raumgestaltung nach Feng-Shui-Kriterien ist der Ausblick eine wichtige Größe. Wohin blicken Sie, wenn Sie Ihre Haus- oder Wohnungstür öffnen? Was sehen Sie, wenn Sie von Ihrem Schreibtisch aufblicken? Eine Wand oder etwas, was Sie inspiriert, weiterzumachen, egal wie blöd der Tag ist und egal welche Befindlichkeiten Sie gerade haben?

Die Wichtigkeit dieses Feng-Shui-Prinzips und der Aussage „Was du siehst, bekommst du auch" wurde mir zum ersten Mal kurz nach dem Abschluss meiner Feng-Shui-Ausbildung klar, als mich der Inhaber einer Werbeagentur mit einer Beratung beauftragte. Der Grund: Seit dem Umzug ließen die Leistungen des Angestellten, der für den Vertrieb verantwortlich war, stark nach. Nachdem er keine „normale" Erklärung fand, wollte er es mit Feng Shui versuchen. Nachdem ich das Büro des jungen Mannes sah, wusste ich, was das Problem war. Der Herr saß in einem Durchgangszimmer, mit dem Blick in eine Ecke und dem Rücken zu zwei Türen. Dass diese Position äußerst ungünstig ist, war mehr als deutlich. Erschwerend kam hinzu, dass dieses

//

YOU DON'T HAVE TO BE GREAT TO GET STARTED, BUT YOU HAVE TO GET STARTED TO BE GREAT.

Les Brown

147

kleine Zimmer nicht einmal ein Fenster hatte. Im Gespräch sagte er wortwörtlich zu mir: „Ich fühle mich kraftlos und ohne Motivation. Mir fehlen die Ideen, die Perspektive! Seit ich in diesem Büro sitze, fehlt mir die Vision!" Bingo, da war sie, die Antwort: What you see is what you get! Im Umkehrschluss: Siehst du nichts, bekommst du nichts. Dieser junge Mann hatte ein Brett vor dem Kopf. Er war abgeschnitten von dem Geschehen und seinen Kollegen. Da konnte keine Inspiration entstehen, was für die Agentur fatal war, weil er die Kunden und Aufträge reinbrachte. Nachdem es nicht möglich war, ihn umzusetzen, veränderten wir erst einmal die Sitzposition, sodass er beide Türen im Blickfeld hatte. Als zweiten wichtigen Schritt empfahl ich, dass die beiden Herren, der Geschäftsführer und der Vertriebler eine gemeinsame Visionstafel machen. Dort sollten sie mit Bildern ihre Ziele und die gemeinsame Vision für die Zukunft der Werbeagentur festhalten, duplizieren und so aufhängen, dass Sie diese immer im Blickfeld hatten. Damit sie zu jedem Zeitpunkt wissen, warum und wofür sie arbeiten.

IHRE VISIONSTAFEL

Welche Art von Visionstafel möchten Sie gestalten. Eine Mindmap, auf der Sie aufschreiben, was Sie in welchem Lebensbereich erreichen möchten, oder eher eine geklebte Bildercollage? Wichtig ist vor allem, dass Sie einen emotionalen Bezug zu Ihrer Visionstafel haben. Wenn Sie die fertige Collage betrachten, dann sollten Sie vor Aufregung Schmetterlinge im Bauch und ein Kribbeln in den Fingerspitzen fühlen. „Bilder sagen mehr als tausend Worte!" Bilder sind kraftvoll und lösen Emotionen aus, genau das, was wir brauchen, um aktiv zu werden. Unser Gehirn denkt nicht in Buchstaben und Zahlen, sondern in BILDERN! Bilder sind der Turbo für unser Gehirn. Wo aber bekommen Sie Bilder, die Ihre Ziele darstellen? Wenn ich für mich oder gemeinsam mit meinen Kunden Visionstafeln erstelle, dann besorge ich jede Menge Zeitschriften und Zeitungen. Dann mache ich Musik an und ich beziehungsweise die

148

Kunden blättern in den Zeitschriften und schneiden die Bilder aus, die sie in diesem Moment „anspringen". Nachdem dieser Schritt beendet ist, nimmt sich jeder einen A3-Papierbogen und schreibt seinen zuvor ausgearbeiteten Lebenszweck in die Mitte. Dann legen und schieben Sie selbst die ausgeschnittenen Bilder, bis Sie wissen: Das passt. Auch wenn die Visionstafel nicht gleich zu 100 Prozent fertig wird: Das macht nichts, sie kann immer ergänzt und verändert werden.

Diese Vorgehensweise empfehle ich auch Ihnen. Nehmen Sie sich rund zwei Stunden Zeit, in denen Sie nicht gestört werden. Legen Sie inspirierende Musik auf und machen Sie sich auf die Suche – ob in Zeitungen, Zeitschriften oder im Internet. Welche Bilder lösen in Ihnen eine positive Emotion aus, die Sie mit Ihren Zielen verbinden? Wählen Sie Motive, die Ihr Herz höher schlagen, Ihre Knie weich werden und die Augen strahlen lassen. Wählen Sie Ihre WOW-Bilder! Welche Überschriften lassen Sie schmunzeln, weil sie genau das ausdrücken, was Sie erreichen möchten? Lassen Sie sich von Ihrer Intuition, Ihrer inneren Stimme, führen. Hierbei ist es allerdings extrem wichtig, den Verstand draußen zu halten. Genießen Sie diese Zeit der Kreativität und lassen Sie Ihre Visionstafel entstehen. Sollten Sie in der Gestaltung bemerken, dass sich die privaten und geschäftlichen Ziele zu sehr vermischen – kein Problem. Es spricht nichts gegen zwei verschiedene Visionstafeln. Eine für Sie als Privatperson und eine für Ihre geschäftlichen Ziele.

Tauchen Sie ein in die Welt Ihrer Visionen, Wünsche und Träume, die wir oft tief in unserem Inneren verstecken, um sie nicht der Welt preis zu geben. Vielleicht aus Angst, dass sie von Meinungen und Ratschlägen in der Luft zerrissen werden. Geben Sie sich hin, lassen Sie Ihrer Fantasie und Inspiration freien Lauf und genießen Sie jeden einzelnen Schritt in diesem Prozess. Denn,

Der Weg ist das Ziel!

Meine Visionen, Ziele, Träume und Wünsche

6 / Schluss mit dem Warten: Take Action!

In erster Linie ist dieses Buch eines darüber, wie Sie sich durch die Anwendung des Feng Shui mit Ihren Räumen verbinden und die dort liegende Kraft anzapfen können. In diesem Kapitel werde ich über die Kraft der Aktion und des Handelns schreiben. Denn das Handeln ist es, was uns bis zur Ziellinie bringt und darüber trägt. Ideen, Visionen, Vorsätze und Wünsche bringen Ihnen rein gar nichts, wenn Sie diese nicht tatsächlich umsetzen. Ein Visionboard zu gestalten, ist eine inspirierende Sache. Es sorgt dafür, dass Sie Ihre Ziele sehen und nicht aus den Augen verlieren. Doch handeln Sie nicht, kommen Sie diesen „aufgeklebten" Zielen nicht näher. Papier ist bekanntlich geduldig. Ein Visionboard soll Sie nicht unter Druck setzen oder Sie frustrieren, sondern Sie ermutigen. Tag für Tag.

 „What changes our whole life is action. Why don't we take action? FEAR. What have we got to do to get ourselves to do it? We've got to make sure we push ourselves through it by making a decision. The point at which changes happen is when you make a decision." Tony Robbins

Es ist erstaunlich, zu beobachten, wie viele Menschen gerne im stillen Kämmerchen Ihre Ziele bis auf das kleinste Detail planen, den Markt bis zum Erbrechen analysieren, wochenlang an der Marketingstrategie feilen und jede mögliche Weiter- und Fortbildung besuchen und dann nicht mit Ihrer Leistung an die Öffentlichkeit gehen, um sich zu präsentieren. Oftmals spielen sie dieses Versteckspiel aus Angst – vor dem Versagen oder davor, den eigenen Erwartungen oder jenen der Familie und Freunde nicht gerecht zu werden. Aber wissen Sie was: Nichts, absolut nichts wird passieren, wenn Sie nicht durch diese Angst durchgehen!

Haben Sie schon einmal das Kommando: „Ready, Fire, Aim" gehört? „Wie? Erst feuern und dann zielen?", fragen Sie sich jetzt vielleicht. Ja, unbedingt!

Der Hauptgrund, warum so viele Menschen nicht das bekommen, was sie sich sehnlich wünschen, ist, dass zu viele ihr ganzes Leben damit verbringen zu zielen, aber sie feuern nie die Kugel ab! Und? Welchen Nutzen haben Sie von der intensiven und perfekten Vorbereitung, wenn Sie keine Treffer landen, sprich Ihre Lebensträume immer nur Träume bleiben?

„Wissen ist Macht" – eine allseits bekannte Aussage. Aber wenn es nicht in Aktion umgesetzt wird, ist Wissen nichts. Was nützen Ihnen alle Weisheiten dieser Welt, wenn Sie diese nicht umsetzen? Wenn Sie dieses Buch gelesen haben und noch nichts verändert haben, dann ist es jetzt an der Zeit, aktiv etwas zu tun. Nicht irgendwann, nicht später, nein JETZT. Legen Sie das Buch weg und entrümpeln Sie mindestens eine Schublade. Falls Sie in der Bahn sitzen und lesen, dann machen Sie sich eine kleine Liste, was Sie machen möchten, sobald Sie im Büro oder zu Hause sind. Sie haben Ihr Notizbuch vergessen oder gerade nicht dabei, dann schreiben Sie einfach hier ins Buch. Fehlt Ihnen ein Stift, fragen Sie im Abteil bei Ihren Sitznachbarn und Mitreisenden nach. Es gibt KEINE Ausreden!!! Machen Sie alles, was nötig ist, um in Aktion zu kommen – und STARTEN Sie jetzt.

Im Jahr 2004 begann ich mit meiner Feng-Shui-Beraterausbildung. Damals freundete ich mich mit einer gleichaltrigen Teilnehmerin an. Wir waren uns sehr ähnlich. Sie war verheiratet und hatte einen Sohn, genau wie ich. Interessanterweise bekam sie in den folgenden vier Jahren zwei weitere Söhne, genau wie ich auch. Doch es gab einen großen Unterschied zwischen uns beiden. Sie nutzte jede freie Minute, um zu meditieren und in die richtige Energie zu kommen, damit sie die „richtigen" Kunden anzieht. Das hat im Rückblick nicht funktioniert. Die Kunden klopften nicht an die Tür nur weil sie sich das vorgestellt und visualisiert hat. Das Ergebnis: Heute ist sie angestellt und macht nur nebenbei Feng-Shui-Beratungen. Mir hingegen fiel es schwer, viel Zeit auf die Meditation zu verwenden. Ich steckte mir stattdessen Ziele und fragte mich: Was muss ich tun, um diese Ziele zu erreichen? Ich fokussierte mich darauf, Verbindungen zu potenziellen Kunden aufzubauen, indem ich Vorträge hielt, Netzwerkveranstaltungen besuchte und mich um meinen Internetauftritt kümmerte. Ich buchte einen Coach, plante und organisierte. Dass ich aktiv handelte und auch nach außen hin sichtbar wurde, davon bin ich überzeugt, hat mich dorthin gebracht, wo ich heute stehe: Ich bin Mutter dreier Kinder und erfolgreiche Unternehmerin in meinem Traumberuf.

WÄHLEN SIE „SOWOHL ALS AUCH" STATT „ENTWEDER – ODER"!

Meine Familie und meine Arbeit sind sehr wichtig für mich. Infolgedessen habe ich es nie eingesehen, warum ich mich zwischen diesen Lebensbereichen entscheiden sollte. Ich wollte immer beides! Also habe ich Möglichkeiten gesucht und gefunden, meine Familie mit meiner Arbeit zu vereinbaren. Schnell bekam ich zu spüren, dass das gar nicht so einfach funktionierte. Nachdem ich mein Studium der Betriebswirtschaft beendet hatte, fand ich nämlich keine Festanstellung. Der Grund hierfür waren nicht etwa meine Zeugnisse, fehlende Arbeitserfahrung oder mein Lebenslauf. Nein, es lag schlichtweg daran, dass ich eine verhei-ratete Frau war UND ein Kind hatte. Das war ein K.-o.-Kriterium. Doch mein Ziel war klar, dass ich arbeiten und das, was ich studiert hatte, ein-setzen wollte. Damals stellte ich mir zum ersten Mal die Frage: „Möchte ich überhaupt in einem Unternehmen festangestellt sein?"

Eigentlich nicht! Also besorgte ich mir einen Gewerbeschein und druckte mir Visitenkarten. So begann meine Selbstständigkeit. Die ers-ten Jahre arbeitete ich aus meinem Homeoffice – abends, nachts und an den Wochenenden. Tagsüber war ich für unseren Nachwuchs da. Weil ich mir Ziele setzte, aber auch den eisernen Willen hatte, diese zu erreichen, hatte ich die Kraft und das Durchhaltevermögen – gerade in schwierigen Situationen, wie beispielsweise wenn die Kinder krank wur-den oder Kunden Termine verschoben – nicht aufzugeben. Das ist auch der heißeste Geheimtipp, den ich an Sie weitergeben möchte, weil es bei mir funktioniert hat und ich sicher bin, dass es auch auf Sie über-tragbar ist. Wann immer Sie vor einer Entscheidung stehen, entweder – oder, überlegen Sie sich, ob auch ein Sowohl-als-Auch möglich ist. Sie müssen sich nicht zwingend entscheiden, es geht auch beides! Und das macht doppelt happy.

AKTION VERSUS PLANUNG

Nehmen wir einmal an, sie möchten Ihre körperliche Fitness steigern. Der Handlungsorientierte wird die Laufschuhe anziehen und loslau-fen, um eine Runde zu joggen. Selbst wenn es nur 20 Minuten sind, er wird sich bewegen. Der Planer wird erst einmal im Internet nach den modernsten Laufschuhen und einem Fitnessstudio in seiner Nähe re-cherchieren – mit unschlagbarem Preis-Leistungs-Verhältnis. Diese Re-cherche kann durchaus einige Stunden in Anspruch nehmen. Dann wird er die Trainingszeiten im Kalender eintragen und – wenn nichts dazwi-schenkommt! – wird er auch mit dem Trainieren beginnen. Oh Mann, vergessen Sie´s! Laufen Sie einfach los, jetzt, solange Sie motiviert sind.

Erstens kommt die Fitness dann sowieso nebenbei und zweitens können Sie parallel immer noch nach einem passenden Sportstudio oder einem Personaltrainer suchen.

Weitere Wünsche auf der Topliste in unserer Gesellschaft sind: Ernährung umstellen und abnehmen. Aber was machen die meisten, wenn es um Ernäherungsumstellung geht? Sie kaufen sich ein Buch! Erst mal lesen und dann weitersehen? Brauchen Sie denn ein Buch, welches Ihnen sagt, dass Sie an erster Stelle mit frischen Zutaten kochen und auf Fast Food verzichten sollten? Gehen Sie zum Kühlschrank und werfen Sie die Fertiggerichte raus! Ziehen Sie Ihre Laufschuhe an und gehen Sie eine Runde walken oder laufen.

DIE DREI SCHLÜSSEL ZUM ERFOLG

Haben Sie sich schon einmal bewusst gemacht, wie viel Zeit wir Menschen mit Warten verbringen? Ich meine damit nicht das Warten an der Kasse im Supermarkt, im Stau auf der Autobahn, auf die Pizza im Restaurant oder im Wartezimmer des Arztes. Ich meine das Warten auf den Feierabend, auf das Wochenende, auf den Urlaub, auf die große Chance in Ihrem Leben, auf die richtige Gelegenheit ... Wenn Sie morgens vom Radio in den Tag begleitet werden, dann haben Sie bestimmt auch schon den einen oder anderen Moderator die Tage und manchmal sogar die Stunden bis zum Feierabend zählen hören.

Ist Ihnen Ihr Leben nicht zu schade zum Warten? Während Sie noch warten, zieht wertvolle und unwiderbringliche Lebenszeit vorüber. Das Leben findet doch nicht nur im Urlaub oder nach der Arbeit statt. Was ist mit den acht Stunden, die Sie tagtäglich in Ihrem Beruf verbringen?

Sie müssen jetzt nicht direkt zum Geschäftsführer marschieren, ihm die Kündigung auf den Tisch knallen und voller Erleichterung sagen: „Ich gehe!" Mag sein, dass dies im ersten Moment ein verlockendes und befreiendes Gefühl ist, aber diese Entscheidung wird ernstere Konsequenzen haben. Sie müssen nicht gleich alles aufs Spiel setzen.

Beginnen Sie doch einfach mit kleinen Dingen. Finden Sie für jeden Tag etwas, worauf Sie sich richtig freuen. Das kann ein fernsehfreier Abend mit besonderem Tee und Ihrem Lieblingsbuch sein. Ein Stadtspaziergang während der Mittagspause. Ein Telefonat mit einem wertvollen Menschen. Eine halbe Stunde Wolkenraten. Ein entspannendes Bad. All diese Dinge kosten Sie keinen Cent, heben Ihre Laune und lassen die Lebensfreude wieder aufflammen. Sie tun den ersten Schritt zur Veränderung, weil Sie sich entscheiden, etwas anders zu machen. Betrachten Sie es als Training, sozusagen als Vorbereitung für die großen Veränderungen und Freuden, die Sie in Zukunft noch in Ihrem Leben begrüßen werden. Es ist an der Zeit, das Warten auf bessere Zeiten, die/den Richtige/n, eine bessere Gelegenheit, mehr Selbstbewusstsein, weniger Selbstzweifel, Inspiration, darauf, dass die Kinder groß sind oder der/die Partner/-in sich ändert etc., zu beenden!

Es gibt drei Schlüssel, die Sie zum Erfolg führen:
1. Zur richtigen Zeit am richtigen Ort sein.
2. Erkennen, dass Sie dort sind.
3. Handeln!

Treffen Sie eine Entscheidung, selbst die Veränderung zu sein. Fragen Sie nicht nach dem Warum und Woher, essen Sie Ihr Eis lieber, bevor es schmilzt.

Kennen Sie die Geschichte wie Sylvester Stallone den Durchbruch schaffte? Ich finde diese Geschichte großartig, denn er bekam seine Gelegenheit und zögerte keinen Moment, seinen Lebenstraum zu verwirklichen ... Der Durchbruch für Stallone war das Boxer-Drama um Rocky Balboa, einen Boxer und Nobody aus Philadelphia. Inspiriert zu seinem Drehbuch und späteren Film *Rocky* wurde Stallone durch einen Kampf des weißen Boxers Chuck Wepner gegen den

WHEN YOU HAVE AN INSPIRED IMPULSE TO TAKE ACTION, DO IT NOW.

Jack Canfield

damaligen Weltmeister und haushohen Favoriten Muhammad Ali im Jahr 1975. Chuck Wepner verlor zwar den Kampf in der 15. (!) Runde, aber erst nachdem er Ali in der 9. Runde völlig überraschend mit einem Kinnhaken zu Boden befördert hatte. Für den damals 29-jährigen Stallone war das die Inspiration, die er brauchte, um das Drehbuch zu *Rocky* in nur drei Tagen zu schreiben. Er bot sein Drehbuch einigen Filmproduzenten unter der Bedingung an, selbst die Hauptrolle zu spielen. Nach unzähligen Ablehnungen verschiedenster Produzenten klappte es. Stallone bekam die Hauptrolle und eine Gage von nur 620 $ pro Woche. Was auch für die damaligen Verhältnisse sehr niedrig war. Aber er hatte sich durchgesetzt. *Rocky* wurde im Jahr 1976 zum großen Überraschungserfolg an den Kinokassen und machte Stallone über Nacht zum Star. Der Film wurde in zehn Kategorien für den Oscar nominiert und gewann drei Statuen. Das war jedoch nur die Folge des Entschlusses von Stallone, das Drehbuch zu schreiben und damit an die Öffentlichkeit zu gehen. Der Kampf Ali versus Wepner hat ihm gezeigt, dass egal wie übermächtig der Gegner zu scheinen mag, es immer eine Chance gibt. Damals hat Wepner am Ende nicht gewonnen, er hat aber Ali einmal zu Boden befördert und 15 Runden durchgehalten. Für ihn war das der Sieg. Stallone war damals auch eine kleine Figur in der Hollywood-Traumfabrik, aber er traute sich, er ließ sich von der Größe Hollywoods nicht beirren. Es geht nicht darum, was die anderen denken und sagen – es geht darum, was Sie selbst sich zutrauen und tatsächlich umsetzen.

ÄNDERN SIE DAS, WAS SIE IMMER SCHON GETAN HABEN

Der schnellste Weg herauszufinden, was in Ihrem Leben passt beziehungsweise nicht passt, ist, einen Blick auf Ihren Status quo zu werfen. Haben Sie Ihr Traumgewicht oder nicht? Sind Sie wohlhabend oder nicht? Arbeiten Sie in Ihrem Traumberuf oder nicht? Haben Sie das, was Sie möchten oder nicht? Ihr Leben lügt nicht!

Oftmals besteht eine große Diskrepanz zwischen dem, was wir uns wünschen, und dem, wie wir tatsächlich leben. Sollten Sie nun in diesem Moment der Ruhe feststellen, dass der Unterschied zwischen dem IST und dem SOLL groß ist, ist es an der Zeit, etwas zu ändern. Etwas ANDERS zu machen.

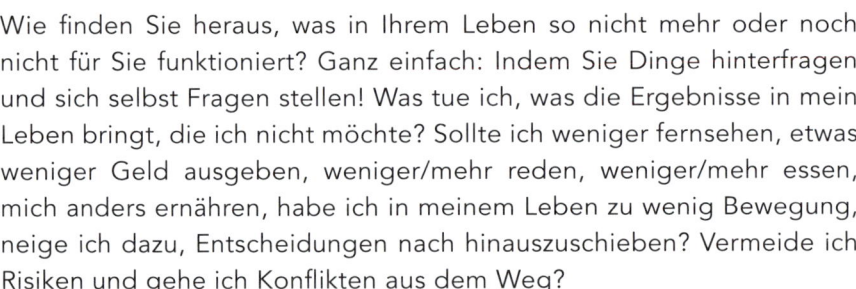

„Wenn du immer wieder das tust,
was du immer schon getan hast,
dann wirst du immer wieder das bekommen,
was du schon immer bekommen hast.
Wenn du etwas anderes haben willst,
musst du etwas anderes tun!
Und wenn das, was du tust,
dich nicht weiterbringt,
dann tu etwas völlig anderes –
als immer mehr vom gleichen Falschen!"
Paul Watzlawick

Wie finden Sie heraus, was in Ihrem Leben so nicht mehr oder noch nicht für Sie funktioniert? Ganz einfach: Indem Sie Dinge hinterfragen und sich selbst Fragen stellen! Was tue ich, was die Ergebnisse in mein Leben bringt, die ich nicht möchte? Sollte ich weniger fernsehen, etwas weniger Geld ausgeben, weniger/mehr reden, weniger/mehr essen, mich anders ernähren, habe ich in meinem Leben zu wenig Bewegung, neige ich dazu, Entscheidungen nach hinauszuschieben? Vermeide ich Risiken und gehe ich Konflikten aus dem Weg?

Vergessen Sie nicht, den Status quo Ihrer Lebens- und Arbeitsräume zu checken. Gibt es dort etwas, was Sie daran hindert, sich weiterzuentwickeln? Was ist es?

Natürlich ist es für Sie genauso wichtig, zu wissen, worauf Sie in Ihrem Leben richtig stolz sind. Was lässt Ihre Augen leuchten? Ist es die Familie, Ihr Beruf? Oder Ihr fantastisches Organisationstalent, Ihre schnelle Auffassungsgabe, Ihre Vorstellungskraft, Ihre Fähigkeit, Empathie zu empfinden? Denken Sie lösungsorientiert und sind Sie die-/derjenige, der immer den Überblick behält? Was sind Ihre besonderen Fähigkeiten, die für Sie so selbstverständlich geworden sind, dass sie Ihnen nicht mehr besonders erscheinen? Vielleicht brauchen Sie eine Erinnerung daran, was Sie alles geschafft haben, damit Sie sich ab und an einmal auf die Schulter klopfen können. Besorgen Sie sich ein kleines Büchlein und legen Sie es auf Ihr Nachtkästchen. Schreiben Sie nun jeden Abend mindestens fünf Dinge auf, die Sie an diesem Tag erledigt haben und auf die Sie sehr stolz sind. Wenn dann die „Ich-kann-doch-eh-nichts" – Tage kommen, an denen Sie gar keinen Blick für das haben, was Sie erreicht und geschafft haben, nehmen Sie Ihr Büchlein zur Hand und lesen Sie. Ich gehe jede Wette ein, dass es nicht lange dauert, bis ein Lächeln auf Ihren Lippen liegt und Ihre Augen wieder beginnen zu strahlen.

HANDELN SIE – TROTZ ANGST

 Alles, was neu ist, ist unbekannt. Und es liegt in der Natur des Menschen, Unbekanntem zurückhaltend, mit Vorsicht und Skepsis gegenüberzustehen. Doch gerade im Unbekannten liegt die Magie.

Neugierde treibt uns voran, Angst lähmt uns und macht uns handlungsunfähig. Sie hält uns in der Umgebung, die wir kennen. Doch das Neue, Andere, das Abenteuer, die Freiheit, all das, was wir uns wünschen, das ist dort draußen. Dort, wo wir vielleicht noch nie gewesen sind. Das neue Leben beginnt am Ende Ihrer Komfortzone, im Unbekannten. Hier geschieht die Magie des Lebens. Diese Zone können Sie sich als Bereich vorstellen, der Sie wie ein Kreis umgibt. Während Sie sich im Kreis befinden, fühlen Sie sich sicher, sind aber womöglich auch unzufrieden, weil jeder Tag dem anderen gleicht. Sie erleben keine Überraschungen und daher auch keine größeren Bereicherungen. Wenn Sie sich auf den Weg machen, den Kreis zu verlassen, fühlen Sie sich zunächst verunsichert und vielleicht auch unwohl. Augenblicklich macht sich ein Angstgefühl in Ihnen breit. Und diese Angst hindert Sie daran, den Kreis zu verlassen, um dorthin zu gelangen, wo Sie hinwollen. Denn im Verlassen des Kreises liegt Ihre Chance, zu wachsen.

S
T
O
R
Y
:
Kürzlich schaute ich mir mit meiner Familie einen Kinderfilm im Kino an, der die Geschichte einer Steinzeit-Familie erzählte. Der Vater, darauf bedacht die Sicherheit für alle zu bewahren, hatte ein Motto: „Nur das, was bekannt ist, ist sicher!" Das Blöde an der ganzen Sache mit der Sicherheit war, dass sich unweit der sicheren Höhle ein wahres Paradies befand, während die Familie in einer Höhle in der Wüste leben musste. Wie es meistens ist, gibt es jemand Neugierigen in der Familie, der weiß: „Das kann noch nicht alles gewesen sein! Es muss einfach mehr geben!" Dieser Naseweis macht sich auf die Suche und wird fündig. Das Paradies öffnet ihm seine Türen – mitsamt dem Überfluss und den Gefahren. Während der Neugierige, von seiner Neugierde getragen, das Paradies für sich entdeckt, bricht für den Vater eine Welt zusammen. Er muss sein Zuhause verlassen, sein über Jahrzehnte aufgebautes Bild von Sicherheit zerschlagen und sich eingestehen, dass es nicht nur ihn selbst, sondern seine ganze Familie begrenzt hat. Und das alles in einem einzigen kurzen Moment. Widerstände sind hier vorprogrammiert.

Die Wahrheit ist, sowohl der auf Sicherheit bedachte Anteil als auch der Neugierige stecken beide in uns. Diese zwei Pole bilden gemeinsam eine Einheit. Natürlich sind sie, je nach Person, unterschiedlich stark ausgeprägt. Der Neugierige in dem Kinderfilm scherte sich überhaupt nicht um die Sicherheit. Obwohl die Dunkelheit Gefahren mit sich brachte, erlebte er leidenschaftlich gerne den Sonnenuntergang – während dem Vater aus Verzweiflung und Angst die Haare zu Berge standen.

Wovor haben
Sie Angst?

Ist es die Angst, ...
... dass nichts mehr so sein wird wie bisher?
... jemanden, den Sie lieben, zu verlieren?
... älter zu werden?
... allein zu sein?
... den Arbeitsplatz zu verlieren?
... eine lebensverändernde Entscheidung zu treffen?

....

....

....

....

....

....

....

Sicherlich könnten Sie die Liste noch etwas erweitern.
Tun Sie das! Welche Befürchtungen, Ängste
und Bedenken haben Sie? Lassen Sie alles raus!

Sie werden sich wundern, wie erleichtert Sie sich danach fühlen werden. Sie haben viele Ängste? Macht nichts – willkommen im Klub! Angst zu haben, ist in unserer westlichen Gesellschaft allgegenwärtig. Angst vor dem Anfang, Angst vor dem Ende. Angst davor, dass alles bleibt, wie es ist, aber gleichzeitig auch die Angst vor Veränderungen.

Wie wäre es, das Leben mit allen Sinnen zu genießen, anstatt darüber nachzudenken, was wäre, wenn …? Den Fokus auf das zu legen, wovon Sie mehr in Ihrem Leben haben wollen, anstatt darauf, Panik vor dem Verlust zu haben? Ich glaube nicht daran, dass Angst besiegt werden muss. Sie ist ein wichtiger Teil von uns und dient uns als Schutz. Nicht nur in der Steinzeit hat sie uns oft genug das Leben gerettet. Die Angst anzuerkennen, sie zu respektieren, aber auch zu hinterfragen und sie zu überwinden ist, das ist der Weg ins eigene Glück!

NUTZEN SIE GELEGENHEITEN

Im Mai 2012 ging ein großer beruflicher Wunsch von mir in Erfüllung. Nach langer Vorbereitungszeit eröffnete ich mein erstes eigenes Büro – gemeinsam mit einer Geschäftspartnerin in einem kleinen oberbayerischen Dorf. Nur ein halbes Jahr später zog ich wieder mit Sack und Pack zurück in mein Homeoffice und mein Bürotraum war bereits wieder Vergangenheit. Was war passiert? Kurz nachdem unser Büro komplett fertig eingerichtet war, eröffnete mir meine Geschäftspartnerin, dass sie das Büro aufgeben wolle. Im ersten Moment war das ein Schock. Meine innere Stimme begann gleich zu poltern und sich aufzuregen, nach Schuldzuweisungen und Vorwürfen zu rufen. Ich hatte genau zwei Möglichkeiten: entweder vor Wut die Wände hochzugehen oder das Beste aus der Sache zu machen und die Situation so hinzunehmen, wie sie nun einmal war. Ich entschied mich für letztere Möglichkeit. Ändern konnte ich ohnehin nichts. Mit der Gewissheit, dass ich keinen meiner wichtigen Stützpfeiler verloren hatte, auf denen mein persönlicher und unternehmerischer Erfolg standen, konnte ich in Ruhe durchatmen und mit einem kühlen Kopf an die Räumung des Büros herangehen. Statt Trübsal zu blasen, stellte ich mir meine Notfallplan-Lieblingsfrage:

Was ist das Schlimmste, was passieren könnte?

Die Antwort lautete: „nichts!" Nichts konnte passieren. Ärgern und Bereuen hätte gar nichts gebracht. Vielmehr habe ich am Tag nach der Übergabe des Büros sogar mit meiner Familie gefeiert. Vielleicht fragen Sie sich gerade, welchen Grund ich zum Feiern hatte, schließlich hatte ich ziemlich viel Geld und Zeit investiert. Aber so habe ich die Situation nicht gesehen. Wissen Sie, warum ich gefeiert habe? Ich feierte, weil ich wusste, dass eine andere Chance auf mich wartete!

WENN SICH EINE TÜR SCHLIESST, ÖFFNET SICH EINE NEUE!

 „Die Gelegenheit schleicht sich durch die Hintertür herein und tritt oft genug auch noch als Unglück oder Niederlage verkleidet auf. Genau das dürfte auch einer der Hauptgründe sein, warum so viele Menschen die Gelegenheit ihres Lebens verpassen." Napoleon Hill

Ich liebe dieses Zitat aus Napoleon Hills Buch „Denke nach und werde reich" (Ariston Verlag, 2006, S. 13). Auf mich und meine damalige Situation übertragen hätte das bedeutet, dass ich, wenn ich meine Aufmerksamkeit auf die Wut gerichtet, Schuldzuweisungen gemacht oder mich „verkrochen" hätte, die sich öffnende Tür übersehen hätte. Ich wäre an ihr vorbeigelaufen und hätte mich gefragt: „Warum ausgerechnet ich?" Die Suche nach der Antwort auf diese Frage hätte mich intensiv beschäftigt und auf die falsche Fährte geführt. Statt mich weiter auf meine Ziele zu fokussieren, wäre ich wahrscheinlich in Selbstmitleid zerflossen.

Ich möchte Ihnen erzählen, welche Gelegenheit sich durch die Büroauf-
lösung für mich ergab … Durch meinen „Exkurs" in dem kleinen oberbayerischen Dorf spürte ich, dass München meine Stadt ist und dass ich
von hier aus einfach mehr Menschen erreichen kann. Ich bin einfach kein
Landei. Ich lernte außerdem, zukünftig mehr auf meine innere Stimme
zu hören. Denn die hatte bereits während des damaligen Einzugs lauthals geschrien: „NEIN, mach das nicht, es fühlt sich nicht richtig an!"
Ich stellte fest, dass es gut ist, einen starken Willen zu haben, dass sich
dieser jedoch deutlich vom Dickkopf unterscheidet, den ich damals an
den Tag gelegt hatte. Ich lernte zudem, meine Fehler zuzugeben – vor
allem gegenüber meinem Mann und meiner Mutter, die mir von Anfang
an von dieser Bürogemeinschaft abrieten, weil Sie kein gutes Gefühl
hatten.

Es war für mich DIE Gelegenheit, mich selbst besser kennenzulernen und an der Situation zu wachsen. Dieser wichtige Lernschritt
brachte mir neue, größere Projekte, interessante Menschen und neue
Freundschaften. Durch dieses, auf den ersten Blick ärgerliche Ereignis
öffneten sich viele neue Türen.

So wurde mir beispielsweise klar, ich will eine Büro-WG in der
Münchner Innenstadt finden, die nett, inspirierend und voller Energie
ist. Vor allem wollte ich keine Investitionen tätigen, weder in einen Ma-
kler noch in die Büroausstattung. Genau das war es, was ich nur einen Monat später fand. Ein Ladenbüro mit fünf tollen „Mitbewohnern",
wo ich nach nur zehn Minuten Umzug startklar war. Zusätzlich war der
Arbeitsplatz den wichtigsten Feng-Shui-Prinzipien entsprechend perfekt ausgerichtet, ohne dass ich Hand anlegen musste. Von meinem
Arbeitsplatz aus blickte ich durch die beiden Ladenfenster direkt auf
die Straße, hatte das gesamte Büro im Blickfeld, während die stabile
Wand hinter mir für ausreichend Rückhalt sorgte. In diesem Büro lernte
ich auch Andrea Mönch kennen, die Grafikdesignerin, die diesem Buch
sein passendes Aussehen gegeben hat. Wer weiß, ob Sie dieses Buch
in den Händen halten würden, hätte ich den Umweg über das Büro im
oberbayerischen Dorf nicht gemacht.

166

WAS, WENN PLÄNE DURCHKREUZT WERDEN?

Tja, das Leben hat seine Höhen und Tiefen, doch indem Sie Feng Shui in Ihr Leben implementieren, sorgen Sie dafür, dass die Tiefen nicht so tief sind und die Höhen so lange wie möglich andauern. Unerwartete Ereignisse und Umstände können und werden Ihnen begegnen, das gehört einfach dazu. Allerdings sollte der Gegenwind, egal ob eine sanfte Brise, ein Orkan oder gar ein Tornado keinesfalls ein Grund zum Aufgeben sein. Was ist es, was in diesen Momenten wichtig ist, um Sie auf der Spur zu halten?

Ich habe mir überlegt, was ist es bei mir? Was hält mich auf der Spur, wenn ich morgens von einem kranken Kind geweckt werde und weiß, dass mehrere Kundentermine anstehen? Oder wenn Projekte drohen zu scheitern, weil eine Kleinigkeit in der Vorbereitung übersehen wurde. Auch ich hatte schon Momente, da wollte ich aufgeben. Aber egal wie groß der Druck war, wie groß die Verlockung, es gab immer irgendwo versteckt einen Teil in mir, der „NEIN!" gesagt, vielmehr geschrien hat. Was mich zu Beginn eher unbewusst durch diese „Krisen" getragen hat, hat sich in den letzten Jahren zu einem festen 5-Schritte-System etabliert, welches ich an dieser Stelle mit Ihnen teilen möchte. Dieses System wird dafür sorgen, dass auch Sie in der „Spur" bleiben.

1. Denken Sie lösungsorientiert

Unser Gehirn ist leistungsfähiger als jeder Computer. Es ist nicht nur ein außerordentliches Speichermedium, sondern auch eine extrem schnelle und lösungsorientierte Suchmaschine. Wir müssen nur die richtige Frage stellen! Konkret bedeutet das: Wenn Sie vor einem Problem stehen, sagen Sie sich nicht: Das werde ich nie lösen können! Oder schlimmer noch: Das wars – ich bin raus! Sondern fragen Sie sich: Was muss ich tun, um dieses Problem zu lösen? Lösungsorientiertes Denken bedeutet, den Fokus auf die Lösung zu legen und nicht immer wieder das

Problem durchzugehen. Es ist kein Geheimnis, dass Problemewälzen Ihr Energielevel extrem verringert. Sammeln Sie lieber mögliche Lösungen! Das geht am besten, wenn Sie sämtliche Emotionen aus dem gesamten Prozess nehmen. Durch das lösungsorientierte Denken werden Sie mehr positive Energie haben und viel kreativer durch den Alltag gehen.

2. Lernen Sie daraus

Hinter jeder Herausforderung steckt etwas Gutes. Denken Sie nur an meine Geschichte mit dem Büro. Denken Sie einmal zurück an herausfordernde Situationen, die Sie erfolgreich gemeistert haben. Können Sie der einen oder anderen im Nachhinein einen positiven Aspekt abgewinnen? Suchen Sie nach diesem Geschenk und Sie werden es entdecken – das garantiere ich Ihnen. Es gibt ein tolles Zitat des amerikanischen Autors Dr. Norman Vincent Peale, in dem dieser dieses Phänomen sehr treffend formuliert – besser hätte ich es selbst kaum ausdrücken können: „Immer wenn uns Gott beschenken möchte, verpackt er das Geschenk in ein Problem. Je größer das Problem, desto größer Ihr Geschenk."

3. Blicken Sie auf Ihr Visionboard und sehen Sie die Zukunft

Leben Sie in der Gegenwart, aber wissen Sie, was Sie in der Zukunft erreichen möchten! Wälzen Sie nicht die Vergangenheit. Das, was einmal passiert ist, gehört der Vergangenheit an. Das ist ein Fakt. Fakten lassen sich nicht ändern! Statt über das, was passiert ist, zu sinnieren, fokussieren Sie sich darauf, wohin Sie in Zukunft gehen möchten und überlegen Sie sich, was Sie dafür tun müssen. Ihr Visionboard wird Sie dabei unterstützen, Ihre Gedanken auf eine positive Zukunft zu konzentrieren.

4. Entscheiden Sie sich, positiv zu denken

Das fällt leicht, wenn alles gut läuft, doch in schwierigen Situationen, wenn Sie wirklich einmal nicht mehr weiterwissen, ist positives Denken eine Königsdisziplin. Denn wie ich bereits in vorherigen Kapiteln geschrieben habe, tendiert der Mensch dazu, sich immer auf das zu fokussieren, was NICHT funktioniert. Legen Sie Ihren Schalter um, unterscheiden Sie sich von den meisten Menschen und kommen Sie so Ihrem persönlichen Erfolg einen entscheidenden Schritt näher.

DAS ERFOLGSGEHEIMNIS

Unzählige Male versuchte die Amerikanerin Diana Nyad ohne Hilfsmittel und Haikäfig die Meerenge zwischen Kuba und Florida zu durchschwimmen und einen Rekord aufzustellen. Im September 2013 schaffte sie es. Nach knapp 177 geschwommenen Kilometern und 52 Stunden im Wasser kam Sie in Florida an. Erschöpft und unglaublich glücklich teilte sie mit den Menschen ihre drei Erfolgsgeheimnisse ...

1. Niemals aufgeben!
2. Du bist niemals zu alt, um deine Träume zu verwirklichen.
3. Das Schwimmen scheint ein Einzelsport zu sein,
   aber das Team zählt.

So ist es. Dem habe ich nichts mehr hinzuzufügen. Seien Sie mutig, leben Sie Ihre Träume und bleiben Sie dran. Es lohnt sich!

7 / Feiern Sie Ihren Erfolg!

„Eine Gelegenheit klopft nie zweimal an. Das ist die traurige Wahrheit. Und wenn wir Dinge auf den nächsten Tag verschieben, kann es sein, dass dieser Tag nicht stattfindet." – hat Gloria Estefan einst gesagt.

Es ist nun an der Zeit, sich für einen Moment zurückzulehnen. Treten Sie aus der Alltagsmühle für einen Augenblick heraus, lassen Sie alles an sich vorbeifließen und beobachten Sie einfach nur. Stellen Sie sich vor, dass Sie gerade die einmalige Gelegenheit bekommen, Ihren Alltag, Ihr Leben und sich selbst aus einer neutralen Metaposition zu beobachten. Was sehen Sie? Einen glücklichen und zufriedenen Menschen? Eine viel beschäftigte Person? Jemanden, der sich völlig im Klaren darüber ist, was er will und wonach er strebt? Oder jemanden, der sich Zeit nimmt, um einfach einmal durchzuatmen, sich für das Geleistete anzuerkennen? Das ist nämlich etwas, was wir zu wenig machen. Ich meine, ganz ehrlich, wann nehmen Sie sich die Zeit, um sich selbst auf die Schulter zu klopfen und sich für Ihre Leistungen anzuerkennen? Das wurde uns ja bereits als Kindern ausgetrieben – mit Sprüchen wie: „Eigenlob stinkt"!

Letztens als ich vor einer engen Bekannten erzählte, wie stolz ich auf mich bin, dass ich ein großes Projekt erfolgreich abgeschlossen hatte, schaute sie mich entgeistert an und sagte: „Bist du nicht etwas zu sehr verliebt in dich selbst? Sich selbst zu loben, das ist ganz schön eingebildet." Für einen kurzen Moment machte sich ein schlechtes Gefühl in mir breit, aber dann schaute ich ihr in die Augen und sagte: „Ich bin unglaublich stolz auf mich selbst!" Denn das war ich auch. Und das sollten Sie auch sein! Einfach stolz sein auf das, was Sie bisher vollbracht haben.

In diesem Kapitel möchte ich das Augenmerk auf das wichtige Thema Selbstlob und Selbstanerkennung lenken. Denn eines kann ich Ihnen versichern: Beginnen Sie noch heute, sich selbst für Ihre Leistungen anzuerkennen. Sie werden sehr viel mehr Energie und Selbstbewusstsein haben, um für Ihre Lebensträume – egal wie abgefahren diese sind – einzustehen und sie durchzusetzen. Es wird Sie stark machen! Meistens erwarten wir einen positiven Input von außen, um uns gewertschätzt, wertvoll, würdig oder gut zu fühlen; dabei kann dieses Gefühl nachhaltig nur aus uns selbst kommen. Sie werden sehen, wenn Sie sich selbst anerkennen, loben, wertschätzen und stolz auf Ihre Leistungen sind, werden Sie auch viel mehr Anerkennung von Ihrem Umfeld und von Ihren Mitmenschen bekommen. Das ist paradox, ja. Ist aber so.
 Haben Sie sich auch schon einmal gefragt, warum die Verwirklichung der Lebensträume für die meisten Menschen auf der Strecke bleibt? Hauptsächlich, weil Sie sich im ersten Schritt nicht trauen, darüber zu sprechen und dafür einzustehen. Ganz egal, welcher Gegenwind Ihnen ins Gesicht bläst, ziehen Sie es durch!

KRONE RICHTEN UND
WEITERMACHEN!

Ich habe immer noch nicht herausgefunden, WARUM wir Menschen dazu tendieren, den Fokus immer auf die Dinge zu legen, die nicht funktioniert haben, die nicht fertig geworden sind, die wir nicht geschafft haben. Diese negativen Gefühle und Erinnerungen prägen sich so fest in unser Bewusstsein ein, dass es kaum noch eine Chance gibt, sie zu durchbrechen. Diese Überzeugungen halten uns dort, wo wir sind, aber

**OB DU DENKST,
DU KANNST
ES, ODER
DU KANNST
ES NICHT:
DU WIRST
AUF JEDEN
FALL RECHT
BEHALTEN,**

Henry
Ford

nicht sein möchten. Wir stecken fest. Können Sie sich an das Zitat von Eckhard Tolle erinnern? Er hat gesagt, dass wir Stress fühlen, wenn wir an einem Ort sind, aber woanders sein möchten. Voilà – da hätten Sie einen Grund für den Stress in Ihrem Leben. Es ist gar nicht einmal der Alltag, der Ihnen den Stress verursacht, sondern die Tatsache, dass Sie Ihre Träume nicht leben. Vielleicht geht es nicht um die Optimierung des Zeitmanagements im Alltag, sondern eigentlich darum, endlich Ihren Träumen Raum zu geben und dafür zu sorgen, dass Sie sich zumindest auf den Weg ihrer Verwirklichung machen. Warum sonst gibt es Menschen, die gefühlt Tag und Nacht arbeiten und dennoch so viel positive Energie versprühen, dass es regelrecht ansteckend ist? Stellen Sie sich vor, Sie machen genau das, egal ob beruflich oder privat, wovon Sie insgeheim träumen. Was glauben Sie, wie Sie sich dann fühlen? Bekommen Sie schon bei dem Gedanken daran ein Kribbeln im Bauch? Feuchte Hände? Spüren Sie einen Energieschub in Ihrem Körper und Geist? Bingo! Dieser Spur müssen Sie folgen ...

Henry Ford trifft den Nagel auf den Kopf. Wir kreieren, was wir denken, und unsere Gedanken formen unsere Realität. Was denken Sie, wie oft erfolgreiche Menschen richtig auf die Nase gefallen sind? Vielleicht sogar alles verloren haben? Der große Unterschied und das Geheimnis für Erfolg ist ihr Mut, sich nach dem Hinfallen wieder aufzurappeln, geradezurücken, die Krone zu richten und weiterzumachen.

Das haben Sie alle schon einmal erlebt. Erinnern Sie sich zurück, als Sie ein krabbelndes Kleinkind waren. Sie wagten es, die ersten Schritte zu machen, und fielen hin. Nicht nur einmal, sondern hundertmal. Vielleicht haben Sie sich auch wehgetan. Aber haben Sie deshalb aufgehört, zu üben? Oder den Entschluss gefasst, das Laufen eben nicht zu lernen und durchs Leben zu krabbeln? NEIN, natürlich nicht. Was damals anders war? Kinder in diesem Alter sind noch so sehr von ihrer Neugier angetrieben, dass sie gar nicht anders können, als immer wieder aufzustehen und weiterzumachen. Das Ziel ist anziehender als alles andere und die Welt ein einziges Abenteuer. Zusätzlich bekommen Kinder auch sehr viel Lob und Anerkennung von ihrer Außenwelt. Leider ist das etwas, was im Laufe des Heranwachsens verloren geht. Gesagt wird nur dann etwas, wenn es nicht passt. Beschwerden erreichen uns wesentlich öfter, als dass wir Lob bekommen. Da fällt es schwer, kraftvoll und voller Tatendrang zu bleiben und den Mut zu haben, für die eigenen Ideen und Träume einzustehen.

Bitte lassen Sie sich von den vielen Erfolgsgeschichten nicht blenden. Sondern schauen Sie hinter die Kulissen des Erfolgs. Erinnern Sie sich an die Geschichte von Sylvester Stallone? Wie oft wurde er als Schauspieler abgelehnt, um am Ende doch einen Oscar für die Rolle zu erhalten? Für die meisten mag es ausgesehen haben wie ein Erfolg über Nacht, doch in Wahrheit war es das Ergebnis von Wille, Aktion, Durchhaltevermögen, Inspiration und unerschütterlichem Glauben an sich selbst.

Im Grunde genommen ist jeder Mensch per se bereits erfolgreich. Ist es nicht schon ein wunderbarer Erfolg, jeden Tag die Augen aufzumachen, das eigene Herz schlagen zu fühlen und zu atmen? Vielleicht finden Sie das jetzt lächerlich. Macht nichts, dann gibt es hier viel zu lernen für Sie! Denn Erfolg beginnt mit Dankbarkeit, Wertschätzung, Güte und Anerkennung für sich selbst. Seien Sie also großzügig mit sich! Fangen Sie an, zu erforschen, was Sie können und gut machen, welchen Beitrag Sie jeden Tag leisten. Für Ihre Partnerschaft, die Kinder, die Kollegen, Ihre Freunde, die Gesellschaft ... Das, worauf Sie sich fokussieren, wird automatisch mehr Raum in Ihrem Leben einnehmen.

UM DEN ERFOLG ZU FEIERN, MÜSSEN SIE ERST AN IHREN ERFOLG GLAUBEN!

Danijela Šaponjić

174

PROGRAMMIEREN SIE SICH
AUF ERFOLGSKURS!

Eine alte Gesetzmäßigkeit, die als Grundlage des Feng Shui dient, ist, dass die Energie dorthin fließt, worauf Sie Ihre Aufmerksamkeit lenken. Haben Sie also einen Raum in Ihren Lebensräumen, den Sie – egal aus welchem Grund – ausklammern, wird sich dort auch keine Lebensenergie befinden – und der Lebensbereich, der sich nach dem BAGUA (siehe Seite 177 f.) dort befindet, wird mit Qi unterversorgt sein und so ins Stocken geraten. Dasselbe passiert auch mit dem Erfolg. Wenn Sie Ihrem Erfolg keine Aufmerksamkeit und Anerkennung schenken, wird er sich langsam aber sicher aus Ihrem Leben verabschieden. Das können Sie ganz einfach vermeiden, indem Sie JETZT mit dem ersten Schritt beginnen ....

DANKBARKEIT

Wenn Sie jetzt denken: Oh nein, nicht das schon wieder!, dann schieben Sie diesen Gedanken ganz schnell zur Seite. Genau er ist es, der Sie davon abhält, mehr von den Dingen im Leben zu haben, auf die Sie richtig Lust haben. Bleiben Sie neutral und machen sie einfach mit. Seien Sie neugierig und lernbereit. Nehmen Sie bewusst die inneren Widerstände wahr, die sich möglicherweise jetzt zeigen. Beobachten Sie, was in Ihnen hochkommt, aber geben Sie diesen Gedanken nicht nach.

Die folgende Übung unterstützt Sie dabei, Ihren Fokus mehr auf die Dinge im Leben zu legen, die funktionieren und die vielleicht so selbstverständlich geworden sind, dass Sie diese überhaupt nicht mehr wahrnehmen. Nehmen Sie sich etwas Zeit und schreiben Sie in jeder der fünf Kategorien auf der Mitmachseite mindestens fünf Dinge auf, für die Sie von ganzem Herzen dankbar sind. Wichtig: Unterbrechen Sie diese Übung nicht, bis in jeder Kategorie mindestens fünf Statements stehen haben.

MATERIELLE DINGE

MENSCHEN

IHRE EIGENE KATEGORIE

Dafür bin ich dankbar ...

IMMATERIELLE DINGE

UMWELT

DIE ANERKENNUNGSRUNDE

Anerkennung und Lob werden häufig miteinander verwechselt beziehungsweise als Synonyme verwendet. Sie mögen sich ähneln und doch sind sie grundsätzlich zwei Paar Schuhe! Durch eine Anerkennung wird Ihnen wirklich bewusst, was Sie für einen Impact haben – positiv wie negativ. Echtes Anerkennen bedeutet anzusprechen, was da ist. Was Sie bewegt, vollbracht und kreiert haben. Das Gute, das durch Sie kommt, sowie das, wodurch Sie kaputt machen und zerstören, statt zu bauen. Viele Menschen haben deswegen große Vorurteile bezüglich Anerkennung, weil Ihnen eine falsche Bescheidenheit anerzogen wurde und sie „Kritik" fürchten. Menschen strahlen, wenn man ihnen die Wahrheit über sich selbst spiegelt.

Es wird Sie überraschen, aber ich habe schon einmal ein breites Grinsen und Nicken hervorgerufen, als ich jemandem sagte: „Du bist arrogant!" Wichtig ist, dass dabei kein Urteil und keine Wertung mitschwingen. Ich habe es damals neutral ausgesprochen, ohne Hintergedanken. Deswegen hat es funktioniert. Anerkennung spricht aus, was das Lob verschweigt. Genauso verhält es sich auch bei Ihnen selbst. Wenn Sie sich verurteilen, runter- und fertigmachen, bringt sie das gar nicht weiter. Schuldgefühle und schlechtes Gewissen sind die absoluten Erfolgsbremsen! Bei der Anerkennung geht es vielmehr darum, sich selbst auf die Schulter zu klopfen: „Das habe ich gemacht!" Ohne eine Bewertung „gut" oder „schlecht". Stellen Sie sich vor, Sie haben acht Stunden Zeit und eine To-do-Liste mit 100 Punkten. Nachdem acht Stunden abgelaufen sind, sind knapp zehn Punkte nicht erledigt. Welchen der folgenden Gedanken haben Sie?

WOW, ich habe 90 Punkte fertig gebracht, das schreit nach einer „Belohnung" ODER: Ich habe versagt. Das bringt doch eh alles nichts. Ich kann es halt nicht. Jetzt habe ich acht Stunden alles gegeben, bin nicht einmal auf die Toilette gegangen, aber ich habe es trotzdem nicht hingekriegt. Es sind immer noch zehn Punkte übrig!

Hier noch ein anderes Beispiel ...

Stellen Sie sich vor, es ist Montagmorgen 9:00 Uhr und ich stelle Ihnen folgende Aufgabe: Nennen Sie mir fünf Dinge, die Sie heute gemacht haben und für welche Sie sich selbst (!) anerkennen möchten. Was fällt Ihnen ein? Welche Gedanken schießen Ihnen durch den Kopf?

Wenn ich diese Übungen mit meinen Seminarteilnehmern mache, dann sagen die meisten: „Ich habe heute nichts Besonderes gemacht!" Ach ja? Und wer hat den Morgenkaffee gemacht? Wer hat das Outfit ausgesucht und es angezogen? Wer hat gründlich Zähne geputzt? Das Frühstück vorbereitet? Erkennen Sie sich an für die ganz banalen und alltäglichen Dinge, die Sie machen. Es ist der Anfang, sich selbst wertzuschätzen. Sie werden erstaunt sein, welche Veränderung es erst in Ihnen auslösen wird und dann in Ihrer Umgebung. Durch die Anerkennungen wächst Ihr eigenes Vertrauen in sich selbst und in Ihre Fähigkeiten; das ist die Energie, die auch Ihre Mitmenschen wahrnehmen. Sie werden es Ihnen spiegeln und Ihnen mit mehr Wertschätzung und Respekt entgegentreten.

Am besten, Sie beginnen noch heute – gleich jetzt. Ich möchte Sie bitten, sich in Ihrem Notizbuch oder hier auf der nächsten Seite mindestens zehn Dinge aufzuschreiben, für die Sie sich HEUTE anerkennen möchten. Hören Sie nicht eher auf, bis Sie mindestens zehn haben. Falls Ihr Alltag prall gefüllt ist, müssen Sie diese Dinge nicht täglich aufschreiben. Anerkennen Sie sich dann einfach abends im Bad für fünf Dinge, die Sie an diesem Tag vollbracht haben, und schauen Sie sich dabei selbst in die Augen.

Heute möchte ich mich
anerkennen für ...

....

....

....

....

....

....

....

....

....

....

....

....

....

DIE „ES-WURDE-WAHR-MAPPE"

Die „Es-Wurde-Wahr-Mappe" ist ein Produkt, welches eher „zufällig" entstanden ist. Bereits seit vielen Jahren arbeite ich erfolgreich mit der Visionstafel (siehe Seite 149 ff.). Diese verändert sich natürlich konstant. Neue Ziele kommen dazu, manche fallen einfach weg und sehr viele werden verwirklicht, also kommen und gehen die Bilder auf meiner Visionstafel. Gerade die Bilder und Skizzen, die Visionen repräsentierten, die ich tatsächlich verwirklicht habe, konnte ich einfach nicht wegschmeißen. Also stellte sich die Frage, wohin damit. Erst sammelte ich einfach die Bilder meiner Visionen in einem Ordner. Irgendwann begann ich damit, Bilder von den tatsächlichen Dingen oder Erlebnissen neben die Visionsbilder zu heften. Allein der Anblick dieser beiden Abbildungen trieb mir manchmal die Tränen in die Augen, weil ich es nicht fassen konnte, dass ich meine Visionen tatsächlich verwirklicht hatte. In diesen Momenten erinnerte ich mich auch klar an den Weg und an all die Dinge, die ich gemacht habe, die letztendlich zur Verwirklichung geführt haben. Und manchmal konnte ich es im Rückblick gar nicht glauben, wie viele Zufälle mir geholfen haben – beispielsweise am richtigen Ort zur richtigen Zeit zu sein oder woher der Wille kam, am Ball zu bleiben, nicht aufzugeben, auch wenn es sehr kräftezehrend war und alle Zeichen auf Minus standen.

So war es auch mit diesem Buch. Jede Vision beginnt mit einem Traum. Ich träumte davon, ein Buch über Feng Shui zu schreiben, welches auch den Aspekt der Persönlichkeitsentwicklung beinhaltete. Ich suchte mir Bilder im Internet, die das irgendwie verbildlichten, und hängte es mit dem damaligen Titel „Feng Shui & Persönlichkeit" auf meine Visionstafel. Mit der Zeit kreuzten Menschen meinen Lebensweg, welche die Begeisterung für mein Buch teilten und mit mir dafür sorgen wollten, dass dieses Buch das Licht der Welt erblickt. Nun ist es so weit. Cover, Titel und Erscheinungstermin stehen! Die „Es-Wurde-Wahr-Mappe" ist ein kraftvolles weiteres Werkzeug, Ihnen zu zeigen, wozu Sie fähig sind,

FOUR
STEPS TO
ACHIEVEMENT:
PLAN
PURPOSEFULLY.
PREPARE
PRAYERFULLY.
PROCEED
POSITIVELY.
PURSUE
PERSISTENTLY.

Wiliam Arthur
Ward

vor allem dann, wenn Sie einmal zweifeln. Das folgende Zitat steht auf einer meiner Visionstafeln und ich möchte es gerne mit Ihnen teilen, weil so viel Wahrheit darinsteckt:

FEIERN SIE!

Get the celebration started! Jetzt kommt einer der wichtigsten Teile Ihrer Arbeit. Wie feiern Sie Ihre Erfolge? Oder sollte ich lieber fragen: Feiern Sie überhaupt Ihre Erfolge? Wenn ich feiern schreibe, dann meine ich damit nicht unbedingt Party und Alkohol. Es geht vielmehr darum, dass Sie sich selbst belohnen und etwas Gutes tun.

Doch feiern Sie nicht nur, wenn alles gut läuft. Meistens tut es auch gut, aus einer extrem stressigen Situation bewusst herauszutreten und einen Massagetermin wahrzunehmen oder in einem Straßencafé einen Milchkaffee oder Tee zu trinken und die Mitmenschen zu beobachten. Körper, Geist und Seele entspannen. Auf andere Gedanken kommen. Dadurch, dass Sie Ihre Position und die Umgebung verändern, bekommen Sie auch Zugang zu anderen Gedanken. Vielleicht kommt Ihnen im Straßencafé die Lösung für ein Problem, mit dem Sie sich schon seit Tagen quälen oder über das Sie sich den ganzen Tag den Kopf zerbrechen.

So feiere ich
meine Erfolge

....

....

....

....

....

....

....

....

....

....

....

....

GENIESSEN SIE IHREN ERFOLG!

Genießen Sie Ihren Erfolg? Denn das sollten Sie unbedingt tun! In der heutigen schnelllebigen Zeit jagt ein Ziel das andere, und sobald die Ziellinie in Sicht ist, wird die Power auf ein neues Ziel gelegt. Und wann machen Sie Pause? Wann genießen Sie? Zwei Wochen Urlaub im Jahr werden nicht reichen. Ich sage Ihnen, je mehr Sie genießen, desto schneller werden Sie Ihre Vision leben! In diesem Buch gab es mehrere Mitmachseiten. Wenn Sie diese alle ausgefüllt haben, haben Sie die für sich wichtigen Aspekte zusammengetragen und niedergeschrieben.

JE MEHR SIE GENIESSEN UND FEIERN, DESTO SCHNELLER WERDEN SIE IHRE VISION LEBEN!

Danijela
Šaponjić

Das schenkt Ihnen Klarheit, die Ihnen Kraft und Zuversicht gibt, wenn Sie einmal von Selbstzweifeln geplagt werden. Schnappen Sie sich dann Ihr Notizbuch und lesen Sie, was Sie alles Großartiges vollbracht haben. All das können Sie nicht anzweifeln, denn all das haben SIE geschrieben, getan und erlebt. Es ist weder eine Geschichte von jemand anderem noch ist es ein Ratschlag. Das sind SIE. Durch und durch Sie. Ihr pures Selbst. Genießen Sie sich selbst und feiern Sie!

Sie haben es in der Hand

Ich möchte Sie an dieser Stelle beglückwünschen und anerkennen! Sie haben mit dem Lesen dieses Buches und dem Mitmachen bei den Übungen einen großen Schritt zur Verwirklichung Ihrer Lebensträume gemacht. Dadurch haben Sie auch dieses Buch zu Ihrem eigenen Inspirationsbuch werden lassen. Und das freut und ehrt mich, vielen Dank.

Wer Feng Shui und Persönlichkeitsentwicklung verbindet, schaltet damit den Turbo auf dem Weg zur Verwirklichung seiner persönlichen Ziele ein. Ich möchte Sie an dieser Stelle dazu ermuntern dranzubleiben. TUN Sie alles, was notwendig ist, um das zu erreichen, was Sie sich auf Ihrem Visionboard kreiert haben. Wenn Sie Unterstützung brauchen, buchen Sie einen Coach, der dafür sorgt, dass Sie das tun, was Sie gesagt haben. Er wird Sie auch dabei unterstützen, notwendige Kurskorrekturen auf dem Weg vorzunehmen. Sie können sich genauso gut mindestens einmal täglich selbst folgende Frage stellen:

Bringt mich das, was ich jetzt tue meinen wahren Zielen und Visionen näher?

//

DER FURCHTLOSE KENNT KEINE GRENZEN.

Napoleon Hill

Ist Ihre Antwort „Ja" machen Sie weiter. Sollte die Antwort „Nein" lauten, dann nutzen Sie Ihre wertvolle Zeit lieber auf bessere Art und Weise.

Es heißt, zu Hause ist dort, wo das Herz ist. Durch meine Arbeit als Feng-Shui-Beraterin erfahre ich nahezu täglich, dass …

- Sie sich mit Geld ein wunderschönes Haus kaufen können, aber kein Heim.
- Sie sich mit Geld ein Bett kaufen können, aber keinen gesunden Schlaf.
- Sie mit Geld Geschäftspartner bezahlen können, aber keine wahren Freundschaften.
- Sie sich mit Geld Versicherungen kaufen können, aber nicht Ihre Gesundheit.

Liebe, Gesundheit, eine große Familie, einen starken Zusammenhalt – das ist der Wohlstand, den das Feng Shui auch in Ihr Leben bringen kann.

Vielen Dank für Ihr Vertrauen!

Ihre Danijela Šaponjić

Notizen

Notizen

Notizen

Glossar

Bagua
Das Bagua unterteilt den Grundriss der Wohnung oder des Hauses in neun gleiche Rechtecke, welche für die neun Lebensbereiche stehen. Jedem dieser Rechtecke ist ein Lebensbereich zugeordnet, der durch den Einsatz unterschiedlicher Hilfsmittel aktiviert und mit Energie versorgt werden kann. Mit dem Bagua ist es schnell und einfach möglich, zu sehen, wo welcher Lebensbereich in den eigenen vier Wänden liegt, um dann den Energiefluss aktiv anzukurbeln.

Ballast / Gerümpel
Das Wort „Ballast" beschreibt alles, was Sie be-lastet – was Ihnen „zu viel" ist. Grundsätzlich gilt es, bei diesem Begriff zu unterscheiden zwischen mentalem und physischem Ballast. Mentaler Ballast sind Gedanken oder auch Erinnerungen. Physischer Ballast sind Habseligkeiten (kein Müll!), welche die Lebensräume so füllen, dass die Energie nicht frei fließen kann, weil sie immer wieder auf Hindernisse trifft und gestoppt oder umgeleitet wird. Ballast ist also blockierte Lebensenergie.

Qi / Chi
Der Begriff Qi wird mit Energie, Atem, Luft, Gas oder Dampf übersetzt. Er steht für Lebenskraft, göttliche Energie und den Weltgeist oder göttlichen Atem. Qi ist die Grundenergie, die alles miteinander verbindet – sowohl materielle als auch geistige Bereiche.

Dao
Wörtlich aus dem Chinesischen übersetzt bedeutet das Wort Weg, Pfad, Straße. Dao bezeichnet eine Methode, ein bestimmtes Prinzip, eine Art von transzendenter höchster Wirklichkeit und Wahrheit.

Delfinpaar
Im Feng Shui wird ein Delfinpaar in der Partnerschaftsecke platziert, um der eigenen Beziehung mehr Energie zu verleihen. Denn Delfine stehen für Romantik, Sensibilität und Liebe.

Energieräuber

Energieräuber sind Gegenstände, Situationen und Menschen, die uns umgeben und über die wir uns insgeheim immer ärgern – manchmal sogar über Jahre hinweg. Dennoch fehlen uns die Power, der Mut und der Wille, etwas dagegen zu unternehmen, obwohl wir wissen, dass sie uns keine Kraft geben, sondern vielmehr Energie rauben.

Familienaltar

Ein kleiner „Altar" beziehungsweise eine gestaltete Familienecke – am besten im Wohnzimmer, denn hier ist meistens der Treffpunkt der Familie – ist das Herz der gemeinsamen Lebensräume und unterstützt den Zusammenhalt in der Familie.
Der wichtigste Bestandteil dieser Ecke ist ein gemeinsames Familienbild. Was Sie sonst noch dazustellen, bleibt ganz Ihnen überlassen. Das kann eine Kerze sein, Sand aus dem letzten Urlaub, gemeinsam gesammelte Muscheln, eine Engelsfigur, ein Herz aus Rosenquarz etc. ...

Fehlbereiche

Die meisten Wohnungen oder Häuser sind nicht quadratisch, sondern haben einen unregelmäßigen Grundriss. Die Stücke, die fehlen, nennt man im Feng Shui „Fehlbereiche". Je nachdem, wo sich diese Fehlbereiche befinden, sind unterschiedliche Themen betroffen. Fehlbereiche können durch Feng-Shui-Maßnahmen ausgeglichen werden.

Feng Shui

Feng Shui ist eine daoistische Harmonielehre aus China, die eine Harmonisierung des Menschen mit seiner Umgebung zum Ziel hat – mithilfe einer besondere Gestaltung der Wohn- und Lebensräume. Feng Shui bedeutet „Wind und Wasser" und basiert auf der Beobachtung der Natur und ihrer Gesetze.

Feng-Shui-Brunnen

Wasser ist eines der wichtigsten Elemente im Feng Shui, denn es sammelt die Lebensenergie Qi. Feng-Shui-Brunnen sammeln das Wasser, konzentrieren so die Lebensenergie an einem Platz und verteilen Sie von dort. Am häufigsten wird der Zimmerbrunnen in der Wohlstandsecke platziert. Er sollte nicht zu laut plätschern und das Wasser sollte langsam fließen sowie immer frisch sein, sonst kehrt sich der Effekt um und der Brunnen wirkt sich ungünstig auf die Lebensenergie aus.

Herzpunkt

Der Herzpunkt ist der Schlüssel für ein Leben im Überfluss. Er liegt im Lebensbereich Gesundheit. Hier, im Zentrum, schlägt das Herz Ihrer Lebens(t)räume und Ihres Lebens. Wenn Sie diesen Lebensbereich fördern, dann sorgen Sie für einen stärkeren Zusammenhalt zwischen den Bewohnern und steigern die Gesundheitsenergie in Ihrem Zuhause.

Lebensbereiche

Im Feng Shui gibt es neun Lebensbereiche, die alle miteinander verbunden sind: Wohlstand, Ruhm, Beziehung & Liebe, Kreativität & Kinder, Hilfreiche Freunde, Karriere & Lebensweg, Wissen, Familie, Gesundheit.

Spaceclearing

Hinter diesem Wort steckt ganz simpel das Entrümpeln beziehungsweise Ausmisten überflüssiger Dinge. Spaceclearing ist eine wirkungsvolle Methode, das Energiefeld zu Hause zu klären und von „dicker Luft" sowie von allen alten Energien zu befreien.

Vampireffekt

Wenn die Energie der Räume unter dem persönlichen Energielevel liegt, versuchen wir unterbewusst die Raumenergie wieder ins Gleichgewicht zu bringen, indem wir persönlich Energie an den Raum abgeben. Wiederholt sich dieser Vorgang über Monate und Jahre, so verlieren die Bewohner Energie und leiden zum Beispiel unter Müdigkeit und Konzentrationsproblemen. Diesen Vorgang bezeichnet die Feng-Shui-Lehre als „Vampireffekt".

Literatur

Allen, David
Getting things done. Penguin Group: New York, 2001

Baumeister, Roy F. & Tierney, John
Willpower. The Pinguin Press: New York, 2011

Becker, Sonja
Die Chefin. Sokrates Verlag: München, 2010

Brown, Brene
The gift of imperfection. Hazelden Publishing: Minnesota, 2010

Cappacchione, Lucia
Visioning. Pinguin Publishing: New York, 2000

Carter, Rauch Karen
Move your stuff – change your life. Firesite Publishing: New York, 2000

Chuen, Lam Kam
Das Feng Shui Handbuch. Joy Verlag: Sulzberg, 1995

Chuen, Lam Kam
Das persönliche Feng Shui. Joy Verlag: Sulzberg, 1998

Cooper, Diana
Begegne deiner Seele. Heyne Verlag: München, 2010

Cumming, Catherine
Farben. Wohnen. Wohlfühlen! Knaur Verlag: München, 2005

Dyer, Dr. W. Wayne
Applying the 10 secrets for success and inner peace. Hay House Inc: USA, 2006

Hansen, Marc Victor & Allen G. Robert
The one minute millionaire. Random House Australia: Sidney, 2002

Hill, Napoleon
Denke nach und werde reich. Ariston Verlag: Kreuzlingen/München, 1966

Jeffers, Susan
Feal the fear and do it anyway. Vermilion Publishing: London, 2007

Kingston, Karen
Heilige Orte schaffen mit Feng Shui. Lotos Verlag: München, 2003

Kingston, Karen
Clear your clutter with Feng Shui. Piatkus Publishing: London, 2008

LaPorte Danielle
The Desire Map. White Hot Press Danielle LaPorte Inc.: Vancouver, 2012

Lim, Jes T. Y.
Feng Shui & Gesundheit. Joy Verlag: Sulzberg, 1997

Lim, Jes T. Y.
Feng Shui für Büro und Business. Integral Verlag: München, 2005

Linn, Denise
Die Magie des Wohnens. Goldmann Arkana Verlag: München, 1996

Midaner, Talane
Coache dich selbst, sonst tut es keiner. MVG Verlag: München, 2005

Millman Dan
Die Lebenszahl als Lebensweg. Ansata Verlag: München, 2005

Murphy, Joseph Dr.
The power of your subconscious mind. Wilder Publicatons: Vancouver, 2007

Olson, Jeff
The slight edge. Greenleaf Book Group Press: Austin, 2013

Prignitz, Eva & Ruf, Petra
Das Feng Shui Lexikon. Südwest Verlag: München, 2005

Sage, Martin & Becker, Sonja
Coaching. Sokrates Verlag: Berlin/München/New York, 2005

Šaponjić, Danijela
Feng Shui im Büro. Verlag C. H. Beck: München, 2011

St. James, Elane
Simplify your life. Hyperion Books: New York, 2001

Schenker, Daniela
Sprudelnde Kräfte. Joy Verlag: Sulzberg 2000

Scherer, Herman
Glückskinder. Piper Verlag: München, 2014

Sinek, Simon
Start with Why. Portfolio: USA, 2011

Strelecky, John
The big five for your life. Dtv Verlag: München, 2011

Trinkwalder, Sina
Wunder muss man selber machen. Droemer Verlag: München, 2013

Wattles, Wallace D.
The science of getting rich. Tarcher Pinguin Publishing: New York, 2007

Watzlawick, Paul
Anleitung zum Unglücklichsein. Piper Verlag: München, 2010

Wesemann, Richard Prof.
59 Seconds. Pan Books: London, 2010

Register

Über die Autorin

Danijela Šaponjić ist Raum- und Lebensgestalterin. Nach dem Studium der Betriebswirtschaftslehre in München, wurde sie von der alten Lehre des Feng Shui magisch angezogen. Diese Leidenschaft machte sie im Jahr 2004 zu ihrem Beruf. Heute ist sie Autorin, Vortragsrednerin und Expertin für Raumgestaltung unter Gesichtspunkten des Feng Shui. In Ihren Vorträgen begeistert sie alle, die aktiv ihre Zukunft gestalten möchten. Ihr Spezialgebiet ist es, Räume und Umgebungen zu schaffen, in denen die Menschen ihre Potenziale entfalten können, was zu mehr Lebensqualität, Vitalität und Erfolg führt. Sie ist Mutter von drei Kindern und lebt mit Ihrem Mann in München.

www.danijela-saponjic.de
&
www.haus-des-fengshui.de

DANIJELA ŠAPONJIĆ

Lebensträumen Raum geben.

Sind Sie jemand ...

... der in **Räumen** und **Menschen**
verborgene Potentiale hervorbringt?

... der **neugierig**
auf Menschen und
Räume ist?

... der **Lösungen** sieht,
wenn alle bereits aufgehört
haben zu suchen?

Feng Shui
Ausbildung

Ich bilde Feng Shui Berater aus, die es lieben harmonische, gesunde und inspirierende Lebensräume zu schaffen, damit die Menschen im Überfluss leben und ihre Lebensträume verwirklichen können. Deshalb werden neben fundiertem und praxisorientiertem Feng Shui Wissen, zusätzlich unterschiedliche Aspekte des Unternehmertums und der Persönlichkeitsentfaltung in die Ausbildung integriert.

Pioniere, Visionäre
und Neugierige

Diese Feng Shui Beraterausbildung ist für Pioniere, Visionäre und Neugierige. Die Menschen inspirieren und auf dem Weg der Veränderung begleiten. Vor allem aber für diejenigen, die den unerschütterlichen Glauben daran haben, dass es IMMER eine Lösung gibt. Trifft diese Beschreibung auf Sie zu? Dann ist diese Feng Shui Beraterausbildung genau die richtige für Sie. Die Kompetenz Feng Shui in die Leben anderer Menschen zu bringen erfordert Fachwissen. Doch das reicht nicht aus. Feng Shui ist lebendig, individuell und einzigartig. Genau so wie es jeder Mensch und jedes Gebäude ist.

Inhalte

- Die Formenschule des Feng Shui
- Die Bedeutung des Qi für Raum und Mensch
- Yin und Yang, die Entstehung und der Einsatz im Feng Shui
- Die Kompassschule (Ba Zhai) und die Arbeit mit dem LoPan
- Der Zyklus der Fünf Elemente
- Die neun Lebensbereiche nach dem BAGUA
- Business Feng Shui
- Die Fliegenden Sterne – astrologische Ebene des Feng Shui

Haben Sie Lust darauf, Feng Shui zu einem festen Bestandteil unserer Gesellschaft zu machen? Dann ist diese Feng Shui Beraterausbildung die richtige für Sie!

DANIJELA ŠAPONJIĆ – Lebens(t)räumen Raum geben
Feng Shui Expertin

Heilmannstraße 57 | 82049 Pullach | Fon 089.75 40 89 51 | Fax 089.75 40 89 52
ds @ danijela - saponjic.de | www.danijela - saponjic.de

Verlagsgruppe Random House FSC® N001967
Das für dieses Buch verwendete FSC®-zertifizierte Papier *Multi Offset*
liefert Mondi SCP a.s.

Integral Verlag
Integral ist ein Verlag der Verlagsgruppe Random House GmbH.

ISBN 978-3-7787-9259-9

Erste Auflage 2015
Copyright © 2015 by Integral Verlag, München,
in der Verlagsgruppe Random House GmbH
Alle Rechte sind vorbehalten. Printed in Germany.

Projektleitung Isabella Kortz
Einbandgestaltung Guter Punkt, München
Covermotive Raum: © Francis Mike Kopala / plainpicture
　　　　　　Blume: © living4media / Heidi Fröhlich
Autorenfoto Lisa Hantke Photography
Satz und Illustrationen Andrea Mönch
Gesetzt aus der Avenir und Chronicle Display
Illustration Kapitel 1 unter Verwendung eines Motivs von Shutterstock
Druck und Bindung Uhl, Radolfzell

www.integral-verlag.de